Inhalt

Herstellung und Verlag:
BoD-Books on Demand, Norderstedt
ISBN: 978-3-7528-6721-3

Vorbemerkung

Warum habe ich dieses Buch geschrieben? Im Jahre 2015 habe ich mit Recherchen zu meinem Buch „Untergang des Abendlandes, gefühlt am 2015" begonnen, weil sich meiner Meinung nach sehr viel auf diesem Erdball, insbesondere Deutschland, vorwiegend zum Nachteil verändert hat. Zunächst wollte ich mir nur im Klaren werden welche Veränderungen in gesellschaftlicher und politischer Hinsicht an den Tag treten. Daraus wurde dann das genannte Buch.

Leider musste ich feststellen, dass die Vielzahl der Negativmeldungen nicht unbedingt zu meiner guten Laune beigetragen hat, obwohl ich ein absolut positiver, aber kritischer Mensch bin. Durch meinen Beruf als System-Analytiker und Software-Entwickler gehört es zu meinem Grundverständnis, allem auf den Grund zu gehen, sonst wird eine Neuentwicklung auf Sand gesetzt.

Vielleicht wäre mir der Zeitgeist auch gleichgültig, wenn ich keine Kinder und Enkel hätte. Unabhängig davon liegt mir an einem friedlichen Fortbestand der Primaten. Vorab sei hier erwähnt: „Wenn der Bauch voll ist, wird nicht gerne gekämpft."

Ich habe mir erlaubt den Leser fiktiv anzusprechen, damit sind keine persönlichen Angriffe gemeint. Wer dies aber so empfindet, sollte sich von diesem Buch trennen. Des Öfteren werde ich den Begriff des Flachdenkers benutzen. Dies ist nach meiner Definition ein Mensch dem die individuelle Kritikfähigkeit fehlt, er neigt zu ideologischen Hintergründen. Man könnte es auch etwas deutlich formulieren: Es ist ein Mensch der realitätsfremd immer das Gute sehen will, Probleme ausblendet und sich gerne der Massenmeinung unterwirft. Diesen Menschen fehlt es in aller Regel auch an Zivil-Courage.

Ich möchte mit diesem Buch nichts aus Höflichkeit beschönigen, denn dies bringt Zusehens Probleme mit sich. Meine Meinung und meine Äußerungen passen, und dies ist mir völlig klar, nicht in das Weltbild vieler Zeitgenossen. Das konkurrieren um den besten Charakter oder den besten Menschen wird sich im friedlichen Fortkommen rächen, es ist nicht die Realität und die ist nicht immer nett und Ignoranz ist fatal. Ein Mangel an Tiefgang und Weitblick ist bei vielen Flachdenkern zu beobachten, die aber durchaus über hohe mathematische Intelligenz verfügen können.

Vogelperspektive

Knapp 70 Jahre liegen hinter mir. Meine grundlegende Weltanschauung hat sich in den vergangenen 50 Jahren wenig verändert. Zu meinem Beruf gehörte es Sachverhalten und Problemen auf den Grund zu gehen, denn nur so konnte ich neue organisatorische Zusammenhänge schaffen, die Vorteile boten. Die Führung und Motivation von Menschen stand hier ganz deutlich im

Vordergrund. Denn wie will man neue Organisationsformen einführen ohne das Mitwirken der Menschen. Da meine berufliche Bindung langsam nachlässt, bleiben meine bisherigen Soft Skils wie etwa Weitblick und Tiefgang erhalten, kurz gesagt das Gehirn läuft weiter und will gefüttert werden. Aus diesem Grunde habe ich dieses Buch auch verfasst.

Seit meiner Jugend hatte ich viele Situationen und Begebenheiten aus der Vogelperspektive betrachtet. Diese Sicht zeigt erstaunliche Erkenntnisse. Die Sicht aus der Vogelperspektive ist aber nicht immer möglich, auch wenn sie manchmal wünschenswert wäre. Sobald eigene und deutliche Emotionen in einem Betrachtungsrahmen sich Raum suchen, wird die Vogelsicht von uns selbst unbemerkt nicht mehr zugelassen, wir werden subjektiv. Durch die Vogelperspektive entsteht Abstand und die Sicht auf die Dinge wird klarer und objektiver. Sollte es sich um einen Streit in dem Betrachtungsfokus handeln, sollte man zunächst keine Partei ergreifen und objektiv nach seiner eigenen Meinung suchen. Die Vogelsicht lässt sich nicht nur auf Menschen anwenden, sondern, und dies ist bedeutender, auf das Zeitgeschehen. Die Deppen können dies nicht, weil sie sich immer im Emotionalen bewegen und wegen dem Fehlen an Verstand auch nichts vorantreiben.

Ein Richter sollte die Betrachtungsweise aus Vogelsicht beherrschen, wird aber durch gesetzeskonforme Vorgaben oft zu anderen Sichten geführt.

Leicht fällt die Sicht aus der Vogelperspektive, wenn man einem Streitgespräch folgt ohne selbst daran teil zu nehmen. Aber auch hier können Sympathie und Emotionen das Bild verfälschen.

Unser Erdball

Vor circa 4,5 Milliarden Jahren ist die Erde entstanden. Die Leserinnen und Leser mögen mir verzeihen, ich war nicht dabei und habe diese Kenntnis nur aus den wissenschaftlichen Fakultäten. Vor ca. 200.000 Jahren hat sich ein Wesen gebildet, welches wir Mensch nennen. Auch dieser Entwicklung konnte ich nicht beiwohnen und deshalb berufe ich mich auf unterschiedliche wissenschaftliche Literatur. Wie sich die Zukunft des Menschen zeigen wird, lässt sich nicht voraussagen. Wir alle sind keine Propheten, wir können nur Vermutungen anstellen. Wenn ich mir die Menschen auf dem Erdball betrachte, traue ich der Spezies einiges zu, ich nehme an, Sie verstehen was ich damit sagen möchte. Schluss ist auf diesem Erdball in ca. 4.5 Milliarden Jahren. Denn dann wird die Sonne immer mehr Energie verlieren. Dies wirkt sich aber sonderbarerweise so aus, dass aus der Sonne ein roter Riese wird. Dieser erreicht einen Durchmesser, der der Umlaufbahn der Erde entspricht. Die Folge ist, dass die Erde weit vorher schon verglüht und verschluckt wird. Dann wird irgendwann die Sonne, so wie man es vermutet, kleiner, sie wird zu einem weißen Zwerg. Sollte der Mensch es bis zeitlich weit vor diesem Szenario zu einem Zusammenhalt geschafft haben, hoffe ich auf die klugen Köpfe von Forschern und Ingenieuren, denen es gelingen könnte, neue Lebensräume zu finden.

Der Mensch

Grundlegend wird sich am Menschen in den nächsten hundert Jahren nicht ändern, er bleibt bei seinen sozialen Trieben, die ein Großteil seines Lebens bestimmt.

Auf unserem Planeten leben Fauna und Flora. Obwohl ich den Mensch aufgrund vieler Überlappungen im erweiterten Sinne zur Fauna zähle, möchte ich diese Spezies im Folgenden in meinen Betrachtungen separieren. Der Mensch besteht nach meiner Definition aus lebendem Organismus. Dazu gehören weiter Sensorik, Tastsinn, Geschmacksempfindung, Sicht und Gehör, sowie Geist. Dieser findet sein Arbeitsfeld in der Gehirntätigkeit. Auf die Auswirkung dieses komplizierten Organs beziehen sich meine folgenden Ausführungen.

Der Mensch betreibt zwischen seinen beiden Ohren zwei Rechenwerke, die durch ein Regelwerk miteinander kommunizieren und gesteuert werden. Diese Rechenwerke sind der Verstand und die Emotionen. Die unterschiedlichen Ausprägungen von Verstand, Emotionen und Regelwerk sind höchst kompliziert. Der Verstand kann Emotionskapazitäten rauben und umgekehrt. Funktioniert das Regelwerk nicht richtig, so können der beste Verstand und die sensibelsten Emotionen ein Zusammenleben mit anderen Menschen deutlich erschweren. Alle verstandesmäßigen Erkenntnisse und emotionalen Impressionen werden in einem zentralen Speicher festgehalten. Auf diesen Speicher wird permanent und regelmäßig zugegriffen um Entscheidungen zu treffen, sich Meinungen zu bilden oder Gefahren abzuwenden. Die menschliche Psyche ist höchst kompliziert, sie lässt sich nicht mit 2 x 3 = 6 erklären. Vieles im Menschen ist angeboren, ein erheblicher Teil anerzogen. In welchem Verhältnis diese beiden prägenden Eigenschaften beziehungsweise Tugenden stehen, mag niemand mit Sicherheit feststellen können. Der Mensch lässt sich im Guten, wie auch im Schlechten durch Massen und soziale Triebe in seinem Urteil beeinflussen. Der talentierte Mensch mit Weitblick und Tiefgang wird mit dem Flachdenker nur mit größter Anstrengung und Toleranz einen gemeinsamen Nenner finden. Vielleicht schaffen die beiden Seiten eine Annäherung über die Schiene der Sympathie oder über den Humor.

Die Gehirnleistung des Menschen, welche sich in der Qualität höchst unterschiedlich ausgeprägt zeigt, ist nach meiner kurzgefassten Definition die Grundlage für Gewichten und Beurteilen. Und dies wiederum trägt zur Meinungsbildung bei. Warum gibt es hier einem qualitativen Unterschied? Wer über eine ausgeprägte geistige Sensorik und die Fähigkeit diese zu verarbeiten verfügt, darf sich in diesem Sinne als talentiert ansehen. Allerdings sind diese Talente nicht nur schwarz oder weiß, an oder aus, null oder eins, ja oder nein ausgeprägt, sondern in allen Zwischenstufen vertreten. Aber auch der höher talentierte Mensch leidet in seinem Urteilsvermögen, wenn er leicht beeinflussbar ist, man sagt auch dazu, dass er wenig Rückgrat zeigt. Und diese Beeinflussung erfolgt von außen.

Generell reagiert jeder Mensch auf andere Menschen, auf Medien und auf Massen. Das starke Rückgrat, das solide Menschenkenntnis und Lebenserfahrung nachweisen kann, lässt sich weniger beeinflussen. Deswegen muss dieser Typ Mensch mit Rückgrat weder stur noch kompromisslos sein. Dies alles hat zunächst nichts mit allgemeiner Intelligenz zu tun. Wobei der Begriff Intelligenz auf die unterschiedlichsten Tugenden angewandt werden kann. Ein mathematisch Hochbegabter kann durchaus ohne soziale Bindungen gut klar kommen. Dieser Mensch wird als intelligent angesehen, wobei ihm diese Fähigkeit im Sozialen völlig fehlt. Aus diesem Grunde unterscheide und differenziere ich Intelligenz, der Gebrauch kann deshalb auch manchmal in die Irre führen. Auf diese Gedankengänge hat mich meine Tochter hingewiesen.

Vieles ist dem Mensch angeboren und Vieles anerzogen. Das Verhältnis zueinander war vor vielen Jahren ein angeregtes Thema, als ich mit einem Freund sprach. Heute denke ich, so unterschiedlich wie die Menschen sich zeigen, so unterschiedlich ist dieses Verhältnis. Im Laufe des Lebens wird insbesondere der Emotionsbereich durch Enttäuschung und Glück beeinflusst, was dann wiederum einen Einfluss auf die Meinungsbildung haben kann. „Wer mich verletzt hat, wird in der Regel nicht als mein Freund dargestellt."

Alle, oder fast alle Impressionen werden unterschiedlich intensiv im Speicher des Gehirns gelagert und bei Bedarf abgerufen. Frische Eindrücke, Erlebnisse und gespeicherte Erinnerungen prägen die Meinungsbildung. Man darf hier durchaus von Erfahrungsbildung sprechen. Ohne das Abrufen von gespeicherter Vergangenheit wird der Mensch keinen Lerneffekt zu seinen Gunsten nutzen können.

Ich komme auf die ursprüngliche Erwähnung von Verstand und Emotionen zurück. Das Zusammenleben von verstandesgeprägten Menschen kann unkomplizierter als mit emotionsgeladenen Kontrahenten sein. Zwei mal drei ist nun einmal sechs. Dies ist unstrittig auf dem gesamten Erdball. Schwierig kann es dann werden wenn zwei Astrophysiker aus einem Unwissen heraus zu unterschiedlichen Meinungen über den Urknall kommen. Das Unsichere bei diesem Urknall ist, keiner war als Zeuge dabei. Dennoch behaupte ich, dass die Wissenschaftler in ihrer Welt weniger reizbar sind als beispielsweise linksgeprägten Kapitalfeinde oder Neider. Ohne Emotionen wäre aber unser Leben traurig und trostlos, wir könnten uns nicht freuen, nicht begeistern und nichts enthusiastisch bewegen. Emotionen geben aufgrund ihrer Vielfallt wesentlich mehr Stoff für Diskussionen, Debatten, Auseinandersetzungen und ein Zusammenfinden.

Ganz entscheidende Phänomene im Wesen des Menschen sind die sozialen Triebe. Sie sind der Grund für Einigung, Trennung, Liebe oder Hass. All dies entspringt dem Rechenwerk Emotionen.

Zu den positiven Eigenschaften zählen unter anderem:

- *Liebe*
- *Nachsicht*
- *Aufopferung*
- *Verzicht*
- *Hilfsbereitschaft*
- *Kooperationsbereitschaft*
- *Teamgeist*
- *Verständnis*
- *Großzügigkeit*
- *Trauerfähigkeit*
- *Realitätssinn*

Als negativ werden etwa angesehen:

- *Gier*
- *Machtstreben*
- *Aggression*
- *Verständnislosigkeit*
- *Neid*
- *Hass*
- *Rücksichtslosigkeit*
- *Rache*
- *Missgunst*
- *Geiz*
- *Fanatismus*

Robinson Crusoe kannte vielleicht soziale Triebe, er brauchte sie aber nicht. Nun sind nicht alle negativen Eigenschaften immer nur schlecht. Gier und Machtstreben treiben einen Menschen voran, etwas zu erreichen, auch wenn andere Menschen mit diesem Verhalten nicht einverstanden sind. Auch ist zum Beispiel Aufopferung eine schöne Tugend anderen Menschen gegenüber, aber wo bleibt der Mensch selbst. Was will ich damit sagen: „Nicht alles Schlechte ist schlecht, nicht alles Gute ist gut, es kommt auf die jeweilige Situation an".

Mut und Feigheit

Zu den menschlichen Eigenschaften gehören auch Mut und Feigheit. Mut kann an Dummheit grenzen, bringt aber viel voran. Feigheit grenzt an der Nichtverarbeitung von Angst und soll vor negativen Folgen schützen. Beide Eigenschaften sind in bestimmten Zeiten sicherlich auch richtig anzuwenden. Wenn mir ein freundlicher Mitbürger oder neuer Mitbürger (70 % der in Deutschlands JVA einsitzenden haben Migrationshintergrund) eine 0.38 Spezial an den Kopf hält und mich nett bitte ihm meine Geldbörse zu übergeben und ich sie ihm gebe, was bin ich dann? Bin ich feige, weil ich ihm die Geldbörse gegeben habe? Nein, ich wäre dumm, wenn ich es nicht gemacht hätte, denn dann hätte der Mitbürger mir etwas Blei in den Schädel gepumpt. Dies führt schnell zum Tode.

Erkenne ich am Waldrand, dass ein junges Mädchen von einem, wie oben beschriebenen Mitbürger, geschlagen und vergewaltigt wird, dann schlägt bei mir ein besonderes Herz. Da der Vergewaltiger zu sehr mit seinem Hobby beschäftigt ist, nimmt er andere Gefahren nicht wahr. Diese Gefahr bin ich in diesem Fall. Entsprechend der jeweiligen Situation werde ich ihn abhalten weiter zu vergewaltigen, ich mache ihn unschädlich, denn er ist schädlich, wohl wissentlich, dass er Waffen einsetzen könnte. Mir kommt es in der geschilderten Situation nicht darauf an ihn human und rücksichtsvoll zu behandeln. Das wäre unter Umständen fatal für das Mädchen und mich. Unschädlich bedeutet, dass der Vergewaltiger seine Handlungen nicht mehr fortführen und mich nicht angreifen kann. Der Überraschungseffekt mit einem Ast Stück könnte schnell für Ruhe sorgen.

So etwas, lieber Leser geht nicht. Weder Frauen noch Kinder zu vergewaltigen gehört für mich zu den größten Verbrechen. Dagegen ist das Ausrauben von Fort Knox ein Witz, hat aber meine Anerkennung. Um Mut zu zeigen gehört in vielen Fällen Entschlossenheit.

Ein Schüler wird von fünf Gleichaltrigen gemobbt und auf den Pausenhof verprügelt. Eine Klassenkameradin des verletzen Schülers rennt zu dem Geschehen und schreit die Drangsalier an, und dies mit voller Überzeugung. Die Jungs lassen von dem Opfer ab, das Mädchen zeigte Mut.

Ein Beispiel aus der Politik: Alle hacken auf einem Politiker herum, weil er nach dem anhaltenden Grund der Grenzenlosigkeit Europas fragte und in einer Anfrage die Gründe erfahren wollte. Nicht nur politische Kollegen, sondern auch die Medien und die Massenmeinung regten sich auf. Wir kennen alle die Sprüche wie, Rassist und Fremdenfeind. Der Politiker blieb beharrlich bei seiner Anfrage. Das gefühlte Ergebnis war, dass die Massen, die Politiker und die Medien fast hysterisch ohne Begründung die Grenzenlosigkeit in Frage stellten (also ähnlich dachten wie der einzelne Politiker) aber immer wieder nach Lösungen gerufen haben, die nie kamen. Keiner gab eine Erklärung „für Grenzen" versus „gegen Grenzen". Sie wollen nicht aus der Masse auffallen um nicht geschlachtet zu werden. Hier steht die Feigheit, klare Situationen zu erkennen, und darauf zu reagieren, dem Mut eines einzelnen Politikers gegenüber.

Dem Mutigen wird mehr Willensstärke und Charakterfestigkeit zugesprochen als dem Feigen. Der Feige versteckt sich oft hinter der Masse, der Mutige zeigt sich. Der Feige bewegt wenig, der Mutige treibt voran.

Drogen

Im erweiterten Sinn kann man Drogen weiter als üblich definieren. So werden Drogen über den Körper aufgenommen und auch über den Geist. Vom Körper werden Drogen, oftmals auch Rauschgifte genannt, oral, anal, geschnleft oder gespritzt aufgenommen. Diese können dann, je nach Intensität und Zusammensetzung, ein aggressives bis beruhigendes Verhalten bewirken. Eine Überdosis kann zum Tode führen. Die zweite große Gruppe der Drogen werden über den Geist, die Psyche und Sinne aufgenommen. Nicht selten spielt hier die Wirkung der Massenpsychologie mit. Diesem Phänomen sind Menschen unterschiedlich ausgesetzt. Der Eine plappert sofort etwas nach was er in den Medien oder sonst wo gesehen oder gehört hat, der Andere filtert oder durchdenkt eine Information erst bevor er sich eine Meinung bildet und diese äußert. Der Anteil der flachdenkenden Nachplapperer schätze ich auf 80 % im dichtesten Wert. Das bedeutet nicht, dass ich als Autor, nicht auch, vielleicht durch Begeisterung, etwas als meine Meinung annehme. Es wäre fatal, wenn dem nicht so wäre.

Was ist für Sie Religion? Sie können nicht antworten, weil ich als Buch nicht zuhören kann, aber Sie könnten sich über die Frage Gedanken machen. Vieles wird ersetzt oder wurde ersetzt, von Unwissen durch religiöse Aussagen, Feststellungen oder Götter. Den Gott des Donners gibt es schon lange nicht mehr, es sei denn man bezeichnet die Meteorologen als Donnergötter. Man hat früher Unwissen durch götterähnliche Abstrakte ersetzt und diese auch vergöttert. Hier lässt sich ganz deutlich die Wirkung der Massenpsychologie erkennen. Diese Wirkungen sind emotional begründet. In der Wissenschaft wird die Massenpsychologie als ein Phänomen mit Gefühl und Emotion beschrieben, ohne jegliche Wirkung von Verstand. Und der Verstand ist erforderlich um einen Sachverhalt zu prüfen.

Die Religionen wirken alle mehr oder weniger massenpsychologisch. „Die Erde ist eine Scheibe!" Und diese Aussage wurde vehement von der Religion verteidigt. Es gibt heute noch Deppen, die dies glauben. Die religiöse Gemeinde nahm diese vorgegebene Feststellung an und vertrat sie als ihre Meinung. Religion ist eine geistige Droge. „Diese Verräter haben unseren Gott … verunglimpft!" Ein nicht seltenes Urteil daraufhin war die Hinrichtung. Man muss sich dies heute einmal vorstellen, ein vom Menschen geschaffener synthetischer Gott, gab Anlass zum Töten. Der Islam praktiziert dies heute noch.

Die Religion wird dann zur Droge, wenn sie von Ideologien bis zum Fanatismus untermauert werden. Fanatismus ist in fast allen Fällen gefährlich, es fehlt an Verstand, nur Gefühl und Emotionen greifen nach Raum.

Die heute praktizierten Religionen zeigen diese Eigenschaften sehr unterschiedlich. Während sich beispielsweise das Christentum, Hinduismus und Buddhismus heute friedlich zeigen, so zieht der Islam eine immer deutlicher festzustellende Blutspur hinter sich her. Der Islam ist durch seinen Koran und den Kriegsherrn Mohamed fanatischer Herkunft. Hier zeigen sich bei vielen Gläubigen Parallelen zur Massenpsychologie: Gefühl und Emotionen aber kein Verstand. Auch hier gilt, dass eine Überdosis zum Tode führen kann. Dem Gläubigen wird dreimal etwas vorgebeten, dann nimmt er es als seine Meinung an. Dies ist eine sehr gefährliche und hochexplosive Situation. Hier sei erwähnt, dass dies nicht für alle Korangläubigen zutrifft, aber für auffallend viele.

Massenpsychologie

Ein außerordentlich weitreichendes Thema ist die Wirkung der Massenpsychologie. Diese kann als eine gefährliche Waffe eingesetzt werden. Die Bewegung und Bildung einer Masse muss nicht immer von außen oder von einer Person beeinflusst werden, oft entsteht eine Massenbewegung aus sich heraus, völlig ungesteuert. Kulturen sind daran gescheitert, und wir leben in einer Kultur. Wie oben schon einmal erwähnt neigt der Mensch mehr oder weniger dazu von der Masse beeinflusst zu werden. Wenn es an Rückgrat oder innerer und überzeugender Stabilität fehlt, übernimmt der Mensch schnell die Meinung der Masse. Denn das eigene Abwägen und Gewichten kostet Gehirnkapazität über die die Menschen sehr unterschiedlich verfügen. Die Auswirkungen der Massenpsychologie zeigen sich in Religionen und ganz besonders in unserem Zeitgeist, heute durch die extrem hohe Informationsvielfalt. Solange eine Menschengruppe an einem Strang zieht und sich nicht spaltet, zeigt sich das Miteinander friedlich.

Aber wehe wenn Meinungen konträr kommuniziert werden und der Verstand zugunsten der Emotionen verlassen wird, vielleicht noch gepaart mit ideologischen Anschauungen, dann kann der Weg sehr schnell vom Scharmützel in Krieg umschlagen. Eine Spaltung kann auch zwischen einer Gruppe mit vorwiegend

Verstandesverhalten und einer Gruppe mit überwiegend Emotionsverhalten entstehen. Den Verstandesträgern wird es schwer fallen, auch mit guten Argumenten, die Gegenpartei zu überzeugen. Die aufgeladene emotionale Masse hat eine enorme Kraft, sich durchzusetzen, auch unter Aufgabe der guten Sitten und der Moral. Im Übrigen ist Mode auch eine Erscheinungsform der Massenpsychologie. Nicht immer wirkt dieses Massen-Phänomen zum Nachteil.

Meine Mutter, eine lebenskluge Person, äußerte mehrfach den Satz: „Der Mensch ist ein Rudeltier". Wer dies versteht, für den ist damit vieles gesagt. Zum Rudelverhalten gehört auch die Psychologie der Massen. Und wer sich auch damit beschäftigt, wird wissen, dass die Massen über keinen Verstand, aber über Emotionen verfügen. Das Individuum zeigt beides, Verstand und Emotionen. Wer auch dies versteht, wird um die sozialen Triebe des Menschen wissen, und die werden im Guten und im Schlechten ausgelebt.

Die Rudeltiere oder auch die Schwarmtiere haben etwas gemeinsam. Sie leben im sozialen Zusammenhalt und sie verteidigen Ihr Revier. Was die Löwenmutter erbeutet hat, ist ihr Verdienst, sie beschafft Nahrung für ihre Jungen. Ein fremder Löwe, der den Diebstahl der Beute im Sinne hat, wird es schwer haben der Löwenmutter das Futter zu entreißen. Er soll doch selbst auf Jagd gehen, denkt sich, menschlich gesehen, die Löwenmutter. Die

Rudeltiere haben somit eine Art Gerechtigkeitssinn, gepaart mit der Gier des Überlebens und vor Allem des Zusammenhalts. Dies sind einfache Sätze und Zusammenhänge, die ich hier schreibe, es sind aber Naturgesetze, die seit Bestehen der Fauna gelten.

Die Affenmutter und der Affenvater bringen ihren Jungen etwas bei, wie umgangssprachlich gesagt wird. Dahinter steckt eine gewisse Pädagogik. Das Junge soll lernen, sich später eigenständig ernähren zu können. Dafür muss das Junge etwas tun, die Eltern fordern es dazu auf, es gibt auch schon mal einen Klapps. Nimmt man einen Affen aus einer Gefangenschaft, in der er nie gelernt hat sich selbst zu ernähren, was denken Sie wie hoch die Überlebenschancen sind, bringt man ihn allein gelassen in den Urwald? Nun übertrage man diese sehr einfachen und sicher leicht verständlichen Zusammenhänge auf den Menschen heute. Dann wird das eine oder das andere nicht mehr so leicht zu verstehen sein, obwohl die Basis absolut gleich ist. Der Mensch hat etwas mehr an Ratio und Emotionen zur Verfügung als das Tier, dies macht das Verstehen auch manchmal komplizierter. Dies habe ich sehr moderat formuliert, das Komplizierte kann aber auch Krieg bedeuten. Nun möchte ich mich dem heutigen Zeitgeschehen zuwenden.

Die vier Gefahren

1. Islam
2. Informationstechnologie
3. Verweichlichung und Verrohung
4. Unkontrollierte Invasion

Islam

Lesen Sie mehrfach im neuen Testament an den unterschiedlichsten Stellen. Lesen Sie ebenso mehrfach in einer Ihnen vorliegenden Übersetzungen des Korans. Gerne lesen Sie auch in anderen religiös geprägten Schriften. Sie werden feststellen, soweit Sie nicht ideologisch in einer Richtung geprägt und zu konstruktiven und kritischen Erkenntnissen fähig sind, dass der Geist des Korans sich von allen anderen Schriften in der Realität und dem Ausleben wesentlich unterscheidet. Wenn Sie sich damit nicht beschäftigen, sollten Sie sich mit Urteilen über dieses Thema zurück halten.

Gemeinsam haben alle Schriften eine massenpsychologische Wirkung. Ich sprach weiter oben davon. Betet man einem Menschen dreimal etwas vor, so wird er das Gehörte oder Gelesene als seine Meinung, Einstellung und emotionale Richtung annehmen.

Der Koran trennt Muslime von „Ungläubigen" und diese sind im Geiste des Korans die Christen, die Hindus, die Buddhisten, die Atheisten, und andere, kurzum alle Nicht-Muslime. Im Koran wird jeder Ungläubige als Mensch einer unteren Klasse angesehen der nicht nur schlechter behandelt werden, sondern auch stärker bestraft werden darf. Diese Behandlung der Ungläubigen darf schärfer erfolgen als die Bestrafung der Muslime. Die Frau steht im Koran gesellschaftlich und von der Würdigung unter dem Mann, und sie hat zu dienen, in jeder Form.

Geht man davon aus, was real auch der Fall ist, dass der gläubige Muslime nach diesen geforderten Vorgaben lebt, so ist für jeden vernünftig denkenden Menschen Konfliktpotential zu erkennen. Dieser Geist des Korans ist nicht nur Potential, sondern realer und gelebter Konflikt. Dieser Konflikt reicht vom Hass gegen Ungläubige bis zum fanatischen Töten. Wir hören es zu oft in den Medien. All diese Feststellungen bedeuten nicht, dass jeder Muslime hasst oder tötet, es sind aber auffallend viele.

All die negativen Ausprägungen des Korans sind in dieser Form derzeit in anderen Religionen schwerlich zu finden, beziehungsweise nicht in dieser Deutlichkeit. Die sich im Koran wiederholenden Zeilen „Allah ist barmherzig" gibt dem gläubigen Muslime die Legitimation für zum Teil grausames Verhalten. Ich warne dringlich davor diese zum Teil pseudoreligiösen Strömungen zu unterschätzen. Es sind nicht alle Menschen gleich. Wer dies nicht glaubt ist ein Risiko in kritischen politischen, sozialen oder gesellschaftlichen Konflikten. Der Islam ist vor diesem Hintergrund keine friedliche Bewegung. Wie Sie sehen spreche ich nicht von Religion, dies ist es auch nicht in unserem Sinne, der Islam greift in jeden Bereich des Lebens ein. Die ideologisch-fanatischen Emotionen des Islam sind stärker als der westliche Verstand. Ich wiederhole mich: die Masse hat nur Emotionen und keinen Verstand, das Individuum hat beides und ist im Stande abzuwägen.

Dies ist von mir noch sehr freundlich formuliert – zumal mir aus heutiger Zeit Berichte, Bilder und Videos, insbesondere aus muslimischen Teilen Afrikas vorliegen, die mit unserer Moral und Lebensweise nichts, aber auch gar nichts zu tun haben – brutal und quälend bis zum Tode. Warum wird die Wahrheit verschwiegen? Die Negativaussage des Korans deckt sich mit dem Auftreten all der terroristischen Kräfte. Der Durchschnittsmuslime auf der Straße praktiziert auffallend das Wesen des Korans. Die derzeit höher entwickelte Kultur des Westens ist dem Streben des Islam fast ungeschützt ausgesetzt. Darum haben drei Türken mit ihren Aussagen Recht. Ein von mir in Frankfurt am Main, an der Hauptwache aufgenommener Satz eines jungen Türken zu einem Deutschen: „Ihr Weicheier, Euch machen wir noch platt“. Ähnliche Aussagen konnte ich zweimal in unterschiedlichen Fernsehberichten vernehmen. Das Zitat ist auf keinen Fall repräsentativ, zeigt aber den gewollten und realen Geist vieler islamischer Anhänger.

„Der Islam, diese absurde Gotteslehre eines unmoralischen Beduinen, ist ein verwesender Kadaver, der unser Leben vergiftet!" (Mustafa Kemal Atatürk, 1881 bis 1938, Gründer und erster Präsident der Republik Türkei). „Der Islam gehört zu Deutschland!" (Angela Merkel, deutsche Bundeskanzlerin).

Weltweit wird in den unterschiedlichsten Informationsmedien das Ausleben des Islam immer wieder mit folgenden Eigenarten in Verbindung gebracht: Pädophile, Vergewaltigung, Enthauptung, lebendig verbrannt, Beschneidung, Unterdrückung, Erpressung, Sklaverei, Entführung, Ehrenmord.

Informationstechnologie

Vor langer Zeit begann der Mensch zu seinem Vorteil und Schutz Nachrichten über größere Distanzen zu übermitteln. Anfangs bediente er sich der Techniken von Rauch- und Trommelsignalen, ähnlich der Morsezeichen. Später haben Menschen direkt - mit oder ohne Pferd - Nachrichten übermittelt, per Sprache oder Papier.

Nachrichten und Signale sind Informationen die durch die genannten Techniken verbreitet wurden. Bis heute hat sich die Informationstechnik rasant entwickelt. Während früher nur das Wesentliche kundgetan werden konnte, wird heute alles, aber wirklich alles, verbreitet. Wichtiges und Unwichtiges, Wahres und Gelogenes, Erfundenes und Reales, Verdrehtes und Gerades. Diese für uns heute abrufbare Vielfalt trägt auch zur Verunsicherung der

Meinungsbildung bei. Wer weiß denn, ob die gefundene Information heute korrekt ist? Mit Verlaub, dies lässt sich oft schwerlich feststellen. Meinungsbildung ist in einer Demokratie nötig, um Regierungen zu wählen. Die Möglichkeiten der Beeinflussungen sind enorm und schleichen sich unbemerkt in die menschliche Bewertung ein. Glauben Sie nicht alles was Sie hören, lesen oder sehen, auch die Medien unterliegen einer Fehleinschätzung. An der falschen Schraube kann bewusst oder ungewollt leicht gedreht werden. Die Auswirkungen können sich fatal bis katastrophal auswirken. Unsere Zeitgeschehen darf nur kritisch wahrgenommen werden. Leider ist dies nicht jedem gegeben.

Können Sie beurteilen, ob ein Bericht im Fernsehen über eine Bürgerkriegssituation im Kongo richtig oder falsch ist? Sie können es nicht, es kann noch nicht einmal der Reporter, denn er ist froh, wenn er dort Gesprächspartner findet. Dies ist auch Informations-Technik, nicht nur Computer. Das Internet bietet eine unkontrollierte Plattform, auf der Wahres und Unwahres blitzartig verbreitet wird, mit Folgen die unabsehbar sind. Eine geschickt formulierte Nachricht kann sehr viele Follower nach sich ziehen, die dann zu dieser Aussage enthusiastisch Stellung beziehen. Ob diese Nachricht richtig oder falsch ist, interessiert nur sekundär. Hier bedarf es in Zukunft der Personalisierung von Nachrichtenquellen.

Denn wenn der Autor allen im Internet bekannt ist, dann wird er sehr vorsichtig mit seinen Veröffentlichungen sein.

Wenn man dem durchschnittlich begabten Menschen dreimal etwas vorbetet (wie schon erwähnt), also Informationen liefert, durch Rundfunk, durch Fernsehen, in der Presse oder durch Freunde, dann wird er diese Meinung bald annehmen. Die Massenpsychologie mit Hilfe der Kommunikationsmethoden leistet ihren Teil dazu. Die Wirkung der Massenpsychologie kann ein verheerendes Mittel zur Beeinflussung sein.

Verweichlichung und Verrohung

Seit Ende des Zweiten Weltkrieges hat sich das Selbstbewusstsein der Deutschen auffällig verändert – zum Nachteil. Der Deutsche sieht sich mehr oder weniger bewusst als Schlechtmensch an, er lässt sich auch ohne Widerspruch so titulieren. Was ist geschehen? Der Deutsche sieht sich als Nachfahre und Erbe von Kriegsverbrechern an und dies zu jeder nationalen und international passenden und unpassenden Gelegenheit. Jeder weiß wie schlecht, grausam und unmenschlich das Dritte Reich sich auf vielen Gebieten gezeigt hat und jeder klar denkende und empfindende Mensch verurteilt dies.

Im Jahr 2018 fand in Moskau die Fußballweltmeisterschaft statt. Frankreich wurde Weltmeister. In allen Medien war immer wieder zu vernehmen: „Vive la France". Haben Sie schon einmal „Es lebe Deutschland gehört"? Nein! Würden Sie es tun, wären Sie Nazi.

Wenn Sie sich als Deutscher weiter freiwillig an den Pranger stellen wollen, dann beschäftigen Sie sich erst einmal mit der Geschichte der Kriege und Völkermorde weltweit zu allen Zeiten. Warum bezichtigen sich nicht Spanier, Portugiesen oder Engländer des Völkermordes und des Landraubes in Nordamerika oder Indien? Dies ist nur ein Beispiel von vielen.

Das Selbstbewusstsein der Deutschen reichte bis zur Fußball-Weltmeisterschaft 2006 so weit, dass sie so gut wie nie eine deutsche Flagge gehisst haben. Ja, es war teilweise sogar verpönt – gepaart mit nationalistischen Vorwürfen. Frau Merkel selbst hat in der Mitte ihrer Regierungszeit, in allen Medien zu sehen und zu lesen, öffentlich vom Wegwerfen der deutschen Flagge Gebrauch gemacht. Keiner hat aufgemuckt oder sich großartig daran gestört – interessant und aussagekräftig. In jedem anderen Land zeigt sich Nationalstolz, nur in Deutschland nicht. Ein natürliches Rudelverhalten stirbt.

Was, bitteschön, ist gegen Nationalstolz vorzubringen? Nichts, aber auch wirklich nichts, es ist ein natürliches Rudelverhalten. Grausamkeiten wie im Dritten Reich sind auch in anderen Staatsformen und zu allen Zeiten vollzogen worden. Wie können manche Vertreter der Gattung Flachdenker sich so weit vom gesunden Menschenverstand entfernt haben.

Ich war über einen Zeitraum von sechs Jahren etwa achtmal pro Jahr auf meinem Schiff in Kroatien. Die Kroaten haben Respekt vor den Deutschen, sagen aber auch auffallend oft, dass die Deutschen spinnen mit ihrer synthetischen Eigen-Schlechtmacherei.

Dies alles geht in Deutschland so, dass eine ideologisch befreite, logische und kritische Meinung verunglimpft wird, sobald es sich um sogenannte Flüchtlinge, Politik oder Soziales handelt. Wenn ich aus sachlichen und nachvollziehbaren Gründen die untätige Asylpolitik ablehne, werde ich von vielen Menschen Rassist, Ausländerhasser, Rechter oder Populist angesehen. So geht das nicht. Wir leben in einer „diktatorisch geführten Demokratie", vorwiegend von einer Person gestaltet. Aber diese Staatsgestaltung ist so führungslos, dass sich unser Staat hochgradig als Selbstläufer entpuppt. Dies ist mehr als gefährlich. Ich schreibe dies als System-Analytiker, der Zusammenhänge auf den Grund geht und bei hoher Komplexibilität den Sachverhalt in Einzelsegmente unterteilt um diese separat zu untersuchen. In den meisten Fällen zeigen sich dann beim Zusammenführen der Segmente die Lösungsansätze. In unserer Politik gibt es nicht mal den Ansatz dieser Denkweise, sie ist aber erforderlich. Ausreden – das ist aber Politik – lasse ich nicht gelten.

Denken Sie nur daran, dass in den Jahren um 2015 alle, aber auch alle nach Deutschland einreisen konnten und durften. Die Regierung zeigte sich führungslos, und sie agierte unentschlossen und uncouragiert. Einige Jahre zuvor hat man einen Einreisenden ohne Papiere festgenommen – einen. Visa gab es bei den Invasoren schon gar nicht. Dieses Land – Deutschland – ist nicht imstande Stellung zu beziehen, seine Gesetze anzuwenden, es ist verweichlicht. Wie sieht die Verweichlichung im Privaten aus?

Vor 60 Jahren war das deutsche Volk mit dem Aufbau nach dem Krieg beschäftigt, man hat an einem Strang gezogen. Kinder wurden zu Recht gemaßregelt, es gab auch schon mal einen Klapps. Jeder junge Mann musste zur Bundeswehr. Dort waren keine Höflichkeitsfloskeln im Trend, es gab klare und unmissverständliche Befehle. Ich habe all dies kennen gelernt. Das war manchmal auch hart, doch ich kann bei mir kein nachhaltiges Leid erkennen. Ich habe schlicht gelernt mich bei Angriffen zu verteidigen und habe davon auch keinen Schaden genommen.

Heute schüttele ich manchmal den Kopf wie Eltern, oder besser wie Kinder mit Ihren Eltern umgehen. Eltern lassen sich oft von Kindern den Weg weisen. Diese Art Eltern haben in ihrem Leben wenig gelernt. Ich frage wie sich diese bis ins Antiautoritäre reichende Erziehung im späteren Leben der Kinder auswirkt. Wie können diese Kinder Probleme meistern, wie Konkurrenten abwehren? Nur als Hinweis, ich habe meine Kinder nie geprügelt.

Auffallend viele Muslime versuchen sich mit deutlichem Machogehabe in Szene zu setzen, obwohl keine Gründe für Respekt in Form von Bildung oder Können vorliegen. Der Begriff „Weichei" trifft zu, so die Äußerungen der jungen Türken, wie hier beschrieben. Wir Deutsche können entwickeln, kreieren, aufbauen, wir können verhandeln, uns global bewegen, die schönen Dinge des Lebens genießen, aber wir ziehen sofort den Schwanz ein, wenn man uns „Weichei" zuruft. Wir wagen nicht die kleinste Kritik am Islam, wir entschuldigen Fehlverhalten, bis zur Drohung reichendes Machogehabe von Muslimen, wir lassen religiöse Hintergründe verständnisvoll in Gerichtsurteile einfließen. Die Menge, noch mehr die ideologische Menge, bis hin zum Fanatismus hat eine massenpsychologische Kraft, dem der Verstand nichts entgegensetzen kann. „Gegen Dummheit ist kein Kraut gewachsen" ist ein durchaus passender Spruch. Toleranz ist wichtig im täglichen Zusammenleben, nimmt sie aber Überhand, so legt sich oft der Tolerante ohne Gegenwehr auf den Rücken – eben Deutschland.

Die EU ist eine Institution, die aus meiner Sicht des System-Analytikers, mit der heißen Nadel gestrickt wurde. Man hat letztendlich versucht 28 ausgehärtete EU-Betonklötze zusammen zu bringen, dies ist sehr schwer, es dauert und ist mit großen Problemen der Abstimmung verbunden. In Nordamerika hat man vor wenigen Jahrhunderten versucht mehrere unausgehärtete Betonklötze, die Staaten, zusammen zu bringen, dies gelang. Mir ist völlig unverständlich, dass Deutschland in den vergangenen zehn Jahren zum Zahlmeister, teilweise auch unter Vorspielen falscher Tatsachen, wurde. Deutschland ist ein Selbstläufer ohne klare Führung. Ein starkes und konsequentes Freiheitleben mit klaren und erkennbaren Sanktionen verschwindet immer mehr. In der gesamten Existenz von Mensch und Tier werden Reviere begrenzt und verteidigt. Dies hat sich über Jahrtausend bewährt. Grenzen sind kein Krieg oder Intoleranz, Grenzen bedeuten Schutz. Wer sich nicht schützen kann, ist schlichtweg dumm.

Griechenland hat sich in die EU gelogen, und: Schäuble wollte Geld für Griechenland. Es wurde ihm vom Bundestag zugestanden, weil er das Zahlungsversprechen des IWF in den Vordergrund stellte. Schäuble argumentierte vor dem Bundestag für deutsche Zahlungen an Griechenland: „Auch der Internationale Währungsfonds (IWF), der Hilfspakete nur unter strengen Auflagen vergeben darf, wird sich beteiligen und somit garantieren, dass das Geld eines Tages auch aus Athen zurückkommt. Ohne IWF wäre es kein vernünftiges Ergebnis", versprach Schäuble im Mai 2016 "Ich erwarte, dass der IWF an Bord bleibt. Es ist dabei nicht so relevant, mit welcher Summe er sich beteiligt; entscheidend ist, dass er es tut." Die Geschäftsgrundlage für die Griechenland-Rettung, die Schäuble den Abgeordneten vor drei Jahren versprochen hatte, hat sich nie materialisiert. Der Bundestag hat dem dritten Hilfspaket nur in der Erwartung zugestimmt, dass sich der IWF beteiligt. All dies lässt man gewähren, sanktionslos. Glauben Sie allen Ernstes, dass das Geld zurück kommt?

„Wenn sich die Welt selbst zerstört, dann fängt es so an: Die Menschen werden zuerst treulos gegen die Heimat, treulos gegen die Vorfahren, treulos gegen das Vaterland. Sie werden dann treulos gegen die guten Sitten, gegen den Nächsten, gegen Frauen und gegen Kinder. "(Ernst Moritz Arndt, 1769 bis 1860).

Die Gesellschaft ist inzwischen in ihrem Urteil so gleichgültig geworden, dass die Wahrheit als Belästigung empfunden wird. Es ist heute keine Seltenheit mehr, wenn Polizisten, die Feuerwehr, Hilfskräfte und Notärzte nicht nur von Invasoren angegriffen werden.

Ich stelle eine einfache Frage: Mit welcher Begründung und mit welchem Erfolgswunsch werden doppelte Staatsbürgerschaften vergeben?

Gutmenschen sind Flachdenker ohne erkennbaren Tiefgang und Weitblick, wie bereits erwähnt. Sie denken und empfinden nur in kurzen Zeiträumen, sie sind nicht in der Lage die Auswirkungen ihrer Denkweise für die nächsten zehn oder 20 Jahre zu erahnen. Gutmensch sein ist geistige Selbstbefriedigung, ein sehr gefährlicher Typ Mensch, denn bei denen ist eben alles gut. Toleranz ist eine notwendige soziale Eigenschaft im Umgang mit dem Menschen, sie grenzt aber an Dummheit.

In Deutschland ist es mittlerweile schwer eine realistische und vernunftgeprägte Meinung zu äußern, die sich gegen Massenmeinungen stellt. Ich wiederhole mich hier wieder: Die Masse hat nur Emotionen und keine Vernunft, das Individuum hat beides. Bringt ein Politiker oder Bürger einen Einwand gegen die

Flüchtlingspolitik von Frau Merkel vor, so wird dies im sanften Fall als Affront abgetan. Hier wird folgendes gelebt: Demokratie ja, Meinung nein.

Seit meiner Jugend habe ich, den Grund weiß ich nicht, versucht viele Dinge aus der Vogelperspektive zu sehen. Dies ist natürlich nur dann möglich, wenn man nicht selbst in einer Thematik involviert ist. Ich kann nur allen raten sich mit dieser Blickweise zu beschäftigen.

Unkontrollierte Invasion

Wer die Kontrolle aus der Hand gibt, gleichgültig auf welchem Gebiet oder mit welcher Technik, wird ertrinken, ersticken, beraubt oder einfach nur überrollt. Auch wenn die Auswirkung der Nicht-Kontrolle sich schleichend und leise Raum sucht, so steht sie mit all ihren Problemen bald mit Gewalt vor der Tür. Dann, lieber Leser, kann es zu spät sein. Der Flachdenker kann sich nicht darauf präparieren, der Mensch mit Weitblick schon. Kontrollverlust ist das eine und Kontrollverzicht das Andere, gewollt. Versuchen Sie einmal bei offener Haustür – heute – zu schlafen. Schreien Sie dann noch in die Welt hinaus, dass die Haustür offen ist und geben Ihre Adresse bekannt. Dann reden wir weiter. Abschottung ist hier nicht gemeint. Wenn jemand kritisch die Invasion sieht, will er nicht unbedingt abschotten, er will beschützen durch Kontrolle. Und dies mit Kontrolle außerhalb von Deutschland, denn wer hier ist, geht nicht.

Warum haben Deutschland und die EU Grenzkontrollen abgelegt, ad acta? Das Grundgesetz, bei allen so gepriesen, wurde nach dem Zweiten Weltkrieg geschaffen, mit gutem Willen. Die Regelung des Asyls und der Religionen halte ich heute für äußerst riskant. In beiden Bereichen überlässt es Deutschland anderen Menschen über deutsche Gelder und Strukturen zu verfügen – out off control. Hier gilt auch: Was Hänschen nicht lernt, lernt Hans nimmermehr. Was Klein-Mohamed nicht lernt, lernt er in einer anderen und anspruchsvolleren Kultur erst recht nicht. Ausnahmen bestätigen den dichtesten Wert.

Ich weise auf einen weiteren gravierenden Fehler unserer führungslosen Politik hin. Wer nach Deutschland kommt kann etwas tun, und sollte etwas tun. Die Invasoren bekommen aber Unterkunft, Verpflegung und Geld, auch ohne etwas zu tun. Es ist pädagogisch völlig ungesund dafür keine Gegenleistung einzufordern. Geschenke in Bausch und Bogen sind sozial ungesund, ich persönlich schenke gezielt und mit Augenmaß. Man gewöhnt sich schnell an Geschenke. Ein sogenannter Flüchtling bekommt ein sicheres Einkommen, viele deutsche Rentner auch, aber oft wesentlich weniger. Unser Staat zeigt sich als Weichei, wie es mir Türken zu verstehen gegeben haben. Diese Aussage ist auch zutreffend. Wie hat sich der gute demokratische Gedanke zu einer diktatorisch realitätsabgewandten Demokratie entwickeln können?

Es wird geredet, aber nicht der Realität entsprechend gehandelt, es gibt: Reden ist Silber, handeln ist Gold.

Die Altdeutschen (die Bezeichnung ist für viele schon nazibehaftet) und die Invasoren wirken aufeinander, aber wie. Beispiel: In einem landwirtschaftlichen Betrieb werden Milchkühe gehalten, und dies alles nach den höchsten Reinlichkeitsgeboten. Was denken Sie, wenn die Reinlichkeit der Milch nicht mehr kontrolliert wird? Aus Milch entsteht: Käse, Joghurt oder etwa Babynahrung. Muss ich es näher erklären, oder verstehen Sie das? Die moralische Reinlichkeit ist unsere erworbene Stärke. Verfügen auch die Neuankömmlinge darüber? Nein.

Wer zahlt für die Invasoren für Klagen, Handy, Unterkunft, Lebensmittel, Arztbesuche oder Transit? In einem Krankenhaus, im Rhein-Main-Gebiet wurde meine Frau vor einiger Zeit stationär aufgenommen. Natürlich habe ich sie täglich besucht, mit täglich den gleichen Impressionen. Mir sind dort gefühlt mindestens 70 Prozent nicht deutsch sprechende Patienten mit Anhang begegnet. Ist der Anteil derer so groß in Deutschland? Nein. 70 Prozent der in Deutschland Einsitzenden in JVA´s haben Migrationshintergrund.

Stellen Sie sich folgendes Szenario vor. In Afrika ist vor einigen Jahren die Krankheit Ebola ausgebrochen. Nun reisen rund 500 mit Ebola infizierte unkontrolliert nach Europa ein, davon 200 nach Deutschland. Die infizierten Afrikaner haben Kontakt zu Polizei, Beamten und deutschen Bürgern. Plötzlich infizieren sich auch diese

Personen, eine Epidemie bricht aus. Sie glauben, dass dies nicht eintreten kann. Oh doch, es kann.

Ein weiteres Szenario: Ein Terrorist, und wir wissen, dass die hier sind, bewirbt sich bei der Wasserversorgung im Rhein-Main-Gebiet. Er wird eingestellt und man vertraut ihm nach einiger Zeit. Nach zwei Jahren hat er Zugang zu den großen Trinkwasserspeichern. Er vergiftet das Trinkwasser für weit über eine Millionen Bürger. Das gibt es nicht, denken Sie. Auch das gibt es.

Nun stellen Sie sich vor, Sie sind in Afrika (egal wo) aufgewachsen und haben über die weltweiten Medien erfahren, wie es sich in anderen Regionen der Erde leben lässt. Sie sind aber unter ganz anderen Bedingungen aufgewachsen. Sie haben Krieg und Kämpfe kennen gelernt. Sie haben von Kindesbeinen an gelernt, Waffen zum Schutz zu benutzen. Die Schule kennen Sie nicht. Sie haben Ihr Leben auf Verteidigung und nicht auf Achtung von Mensch und Tier eingenordet, ohne, dass Sie selbst je eine Wahl hatten. Wenn ein Problem vor Ihnen steht, so lösen Sie es nicht mit einem Gespräch, sondern mit Gewalt. Sie bestrafen ihren Kontrahenten.

Was Sie in den Medien sehen und hören, wollen Sie auch als Afrikaner: Sie möchten in einer besseren Welt leben. Sie sehen aber nur das Materielle und die Freiheiten, nicht aber die Pflichten. Freiheiten in die die gelobten Länder über Jahrzehnte oder Jahrhunderte hineinwachsen mussten. Und dies hat viel Schweiß gekostet, von der Moral ganz zu schweigen. Das alles kennen Sie nicht. Der Mensch verträgt im Übrigen nur eine gewisse Range an Freiheit und die muss dem jeweiligen Zeitgeist angepasst werden.

Nun versuchen Sie nach Europa zu kommen, dort wo vermeintlich Milch und Honig fließen. Sie leben aber in Europa das Leben, das Sie von Ihrer Herkunft gewöhnt sind. Sie erwarten und fordern. Kann man es Ihnen verdenken? Man muss es denen ankreiden, die dies zugelassen haben – und das sind wir Europäer. Eine Verrohung möchte hier aber niemand, ist aber in Sichtweite.

Der Begriff Invasion ist so definiert: „Das Einfallen von Menschenmassen in ein bestimmtes Gebiet". Dies trifft so auf die Masseneinwanderung der vergangenen Jahre zu. Erst dann sind die Massen in wahre Flüchtlinge und in Wirtschaftseinwanderer zu unterscheiden. Niemand, ich wiederhole niemand kennt die Anteile beider Gruppen. Eins ist aber gewiss, es wird gelogen und betrogen und das aufnehmende Land lässt sich belügen und betrügen. Das ist schlichtweg dumme und feige Politik. Zumal diesen Menschen Einladungen nach Europa, insbesondere Deutschland, wenn auch nicht persönlich, vorliegen.

Die gesamte Betrachtung hat sicherlich einen menschlichen Hintergrund, sollte aber sachlich und mathematisch begründet sein. Warum ist ein Staat wie Deutschland nicht ehrlich zu sich selbst? Es werden Daten und Vorkommnisse verdreht, abgeschwächt, aufgebauscht und verfälscht. Glauben Sie allen Ernstes, dass der erhebliche Anteil von kritisch bis kriminell geprägten Einwanderern zu integrieren ist?

In den ersten fünf bis zehn Jahren wird der junge Mensch in seinem Leben grundlegend geprägt, später gewinnen nur noch kleine Korrekturen Einfluss. Die Frage stellt sich: Wer ist wo aufgewachsen? Was sind das für Sprüche: „Die Neubürger sind mehr wert als Gold". Warum und mit welchem Hintergrund wird so etwas geäußert?

Ein Staat schwächt sich wenn er uneingeschränktes Asylrecht gewährt und es dem „Flüchtling" alleine überlässt, ob er nach Europa kommt – also „out of control". In Afrika leben heute ungefähr 1,1 Milliarden Menschen. Man schätzt, dass sich diese Bevölkerung bis 2100 vervierfacht haben wird, also 4,4 Milliarden. Weder werden Bildung, noch Ernährung, noch Gesundheitswesen, noch Kultur mitwachsen. Afrika wird immer mehr an Hunger leiden, Afrika strebt in alle Richtungen, verständlich. Wenn es Afrika nicht versteht sich zu helfen, dann muss die westliche Welt Einfluss auf die Bevölkerungsexplosion nehmen. Darüber darf es keine Diskussion geben, auch nicht bei den „Gutmenschen", Realität ist angesagt. Wer dies nicht erkennt, wegen Mangel an Urteilungsvermögens oder wer es ausblendet, trägt zu einer menschlichen Katastrophe bei. So nebenbei sei erwähnt: „Alter schützt vor Torheit nicht."

Europa ist ein guter Wein. Nun schenken Sie in diesen Wein Wasser in unterschiedlicher Qualität aus anderen Teilen der Welt, und dies immer mehr. Bisher haben die Männlein vom Mars unseren Wein gerne getrunken und immer wieder nachbestellt. Jetzt beziehen diese Männlein ihren Wein von der Wega, denn unser Wein ist verdorben und nichts mehr wert. So hat Deutschland seine Bevölkerung durch den unkontrollierten Zuzug gestaltet, schauen Sie sich die Schulen an.

Die Aussage „Wir schaffen das" hat dazu beigetragen, eine emotional gesteuerte Willkommenskultur zu schaffen. Wer ist denn dieser Einladung gefolgt? Es waren auch Flüchtlinge, aber auch Kriminelle, Hassprediger und Terroristen. Nicht alle, die sich als Pharmazeut oder Arzt ausgegeben haben, konnten den grundlegendsten Prüfungen standhalten. Denn sie verfügten nicht über diese Ausbildung. Es kamen Integrationswillige, aber auch Migranten, die nur in die deutschen Sozialsysteme einwandern wollten.

Was schätzen Sie, wie viel Prozent der in den deutschen Justizvollzugsanstalten Einsitzenden Migrationshintergrund haben? Während der Recherche zu meinem Buch konnte ich den Prozentsatz ermitteln. Ich musste mich aber an anderen Stellen vergewissern, ob dem wirklich so ist, denn er ist hoch, sehr hoch. 70 Prozent der Einsitzenden haben Migrationshintergrund und davon sind über 50 Prozent türkischer Herkunft. Sie glauben es nicht, so wie ich vor zwei Jahren? Dann holen Sie sich aus unterschiedlichen Quellen, auch aus Gesprächen mit der Polizei, die Informationen. Mit Statistiken wird es etwas schwieriger, man kann den Eindruck gewinnen, die Tatsachen soll niemand erfahren.

Hochzeit der „Willkommenskultur" zu nennen ist wirklichkeitsfremd, ja irreführend. Es kamen eben nicht nur schutzbedürftige Flüchtlinge. Unter all den Menschen war ein erheblicher Teil an Analphabeten.

Warum sollen illegal eingereiste Flüchtlinge ihre Familien legal nach Deutschland holen dürfen? Das versteht doch kein vernunftbegabter Mensch. Das Leistungs-Niveau in unseren Schulen, Bildungseinrichtungen und Uni's wird sinken, das Abitur wird leichter. Das Ergebnis wird die Reduktion einer hervorragenden leistungsfähigen Wirtschaft sein.

Hier ein Bericht eines Schöffen an einem deutschen Gericht: „Ich war acht Jahre Jugendschöffe, vier am Landgericht xxx und dann vier am Amtsgericht xxx (Anm. des Autors: Orte unkenntlich gemacht). Ich kann einem ›richtigen‹ Deutschen nur empfehlen, nicht mit Nachbars Quad zu fahren, dafür gibt es die gleiche Strafe wie für 70 (in Worten: siebzig) professionelle Einbrüche eines ›neuen guten‹ Deutschen. Ich habe da Bolzen erlebt, die sind einfach unbeschreiblich. Da kann man ein Buch von schreiben. Eine Berufsrichterin meinte in einer Schöffen-Besprechung nur: Man müsse ›die‹ (gemeint war die Summe der migrantischen

Südländerdeutschen) einfach nur ›präventiv‹ drei Tage die Woche wegsperren, dann hätten wir halb so viel Kriminalität in Deutschland.“

Ein kleines Beispiel aus dem Anfang meiner Schöffenperiode im Gerichtssaal: Der Staatsanwalt verliest (eine halbe Ewigkeit) die Anklageschrift. Täter Deutscher (Türke), Anführer einer Gang, muskelbepackt. Taten: extreme Körperverletzung, Raub, Diebstahl, Drogendealerei und andere Delikte. Als der Staatsanwalt endete, stand der Täter auf, baute sich drohend auf und meinte voller Aggressivität: Jetzt weiß ich, wie du heißt, heute Abend bin ich draußen und ficke deine Tochter. Gut, das konnte verhindert werden, da der Staatsanwalt keine Tochter hatte. Urteil: drei Jahre drei Monate, ohne Bewährung. (Es geht auch ohne Bewährung.)

Nachdem es viele Fälle mit Bewährungsstrafen gab, fragte ich dümmlicher Weise die drei Berufsrichter, warum denn so viele mit Bewährung von den Amtsgerichten beim Landgericht landen. Antwort eines Berufsrichters am Landgericht: Wir (die Richter) haben eine mündliche Anweisung vom Justizministerium NRW, dass eben möglichst nur im Ausnahmefall Gefängnis vergeben werden solle. Die Begründung war:

1. Die Gefängnisse sind voll;
2. die Kosten von über 3000 Euro pro Kopf und Monat sind nicht bezahlbar; und
3. (der echte Hammer) sonst wäre die Statistik so massiv negativ für die Migranten.

Das war noch zu rot-grüner Zeit. Nach dem Wechsel habe ich das unserem CDU-Abgeordneten mitgeteilt mit der Bitte, das anzusprechen. Nichts hat sich geändert. «

Wer trägt die Schuld?

Wir natürlich, wer denn sonst. Damit wäre das Buch zu Ende, nicht ganz.

Ich wiederhole mich in einigen Feststellungen, weil sie mir wichtig erscheinen und deutlicher zum Leser transportiert werden sollen. Auf Deutschland bezogen hat sich nach meinen Erkenntnissen das Volksbewusstsein nach dem Ende des Zweiten Weltkriegs langsam und schleichend verändert. Es ist gelungen auf diesem Erdball als eines der leistungsfähigsten Länder in Sachen Wirtschaft und Soziales uns zu etablieren. Das ist gut wir haben damit Wohlstand erreicht, unser Bauch ist aber auch voll. Was bedeutet das? Laufen Sie einmal zehntausend Meter mit vollem und mit leerem Bauch und stoppen bei beiden Läufen die Zeit. Nennen mir bitte auch wie sich bei jedem Lauf gefühlt haben. Ich kann mir Ihre Antwort schon vorstellen: „Mit vollem Bauch laufe ich nie mehr so eine Strecke, meine Zeit war schlecht und wohl habe ich mich auch nicht gefühlt." Der Bauch eines Volkes kann auch voll sein, durch Konsum und allen Möglichkeiten sich Wohlempfinden zu kaufen. Wer reist nicht gerne oder geht nicht gerne essen mit schicker Kleidung und fährt in einem tollen Fahrzeug? Und das Wichtigste, wenn es dem Mensch gut geht, kann er sich den Luxus eines guten, verständnisvollen und vor Allem sozialen Lebens erlauben. Deutschland ist im Übrigen der Spendenweltmeister.

Wir Deutsche haben uns nach dem Zweiten Weltkrieg selbst in die schäbige Ecke gestellt: „Was sind wir für Verbrecher gewesen, keiner war schlimmer, dies dürfen wir nie vergessen." Es steht völlig außer Frage, dass Handlungen im Dritten Reich grausam und verheerend waren. Schauen Sie sich bitte in den Geschichtsbüchern und historischen Überlieferungen die Beschreibung von Kriegen an. Seit Menschgedenken werden Kriege geführt. Natürlich ist man dagegen, aber die Vergangenheit hat es gezeigt. Viele Staaten bestreiten ihre Völkermorde. Dies ist genauso falsch wie sich selbst immer national und international bei jeder Gelegenheit in die schmutzige Ecke zu stellen. Hat man uns die andauernde Selbstbezichtigung ständig vorgeworfen oder haben wir uns selbst immer wieder in dieses Büßergewand gesteckt? Ich weiß es nicht. In allen Ländern, die mich Reisen geführt haben, war Nationalstolz und nationales Selbstbewusstsein zu spüren. Dies ist auch ein natürliches Rudelverhalten. Ich habe es immer als angenehm empfunden, wenn Menschen in ihrem Land Tradition gelebt haben. Dies ist nichts schlechtes, es ist ein Zusammenhalt.

Wenn Politiker, insbesondere bei den Grünen, von schönem deutschen Völkersterben und Ähnlichem sprechen, dann stimmt in diesem Land etwas nicht, dieses Land hat ein wahrscheinlich nicht mehr reparables Krebsgeschwür. Und niemand in der Politik oder aus den Medien muckt auf. Ich frage mich manchmal, wo kommt dieser Hass her, denn es ist Hass. Selbst, wenn Joschka Fischer früher mit Steinen auf Polizisten geworfen hat und später interessanterweise Außenminister wurde, stimmt in seinem gesunden Bewusstsein etwas nicht. Ich selbst habe ihn mehrfach in teuren Restaurants in Frankfurt mit hübschen Frauen gesehen. Er hat sich vom einfachen protestierenden Studenten bis zum Minister hochgearbeitet, zufrieden scheint er immer noch nicht zu sein, sonst würde er zu seinem Land stehen. Es ist zwar kein Flachdenker, aber die Flachdenker unterstützen ihn.

Und das lassen Sie zu?

Scheinbar ja!

Lassen Sie mich bitte argumentativ ganz vorne beginnen, um dem Flachdenker nicht die Worte, Rassist, Nazi, Fremdenhasser, oder ähnliches zu entlocken.

Angeborenes

Jedem Primaten auf diesem Erdball, zu dem auch der Mensch gehört, werden Talente, Veranlagungen und Tugenden als Geburtsgeschenk überreicht. Diese (zusammengefasst) Eigenschaften werden durch Vater und Mutter, aber auch von der Eltern abstammenden Rasse bestimmt.

Ein Beispiel, das nur indirekt mit der Abstammung (Rasse) zu tun hat möchte ich hier beschreiben: Ein befreundetes Paar war kinderlos. Der Kindeswunsch wurde nicht erfüllt, sodass meine Freunde sich zu einer Adoption entschieden haben. Es wurde ihnen ein Mädchen mit zwei Jahren in Obhut anvertraut. Die genetischen Eltern dieses Mädchens waren und blieben unbekannt. Nach zwei Jahren der Eingewöhnung geschah das Unerwartete, meine Freunde bekamen ein eigenes Kind, ein Junge. Die Geschwister hatten einen Altersunterschied von gut drei Jahren. In den folgenden zehn bis fünfzehn Jahren konnte ich die Entwicklung in der Familie meiner Freunde sporadisch beobachten. Beide Kinder wurden gutbürgerlich und gerecht erzogen, keines wurde bevorzugt. Die Adoption des Mädchens wurde nicht thematisiert, die Kinder wussten beide nichts davon. Als das Mädchen ca. siebzehn Jahre alt war begann der Raubzug. Sie ging auf Diebstahlstour. Die Vergehen häuften sich nicht nur, das Diebesgut wurde auch wertvoller. Nach einem Jahr der illegalen Eigentumsaneignung trat sie in den Kreis der

Drogenabhängigen ein. Die Eltern waren verzweifelt und haben mit Jugendamt und Polizei gemeinsam versucht Lösungen und Erklärungen zu finden. Ernüchternd mussten die Eltern nach weiteren zwei Jahren feststellen, dass keine Aussicht auf Besserung zu erwarten war. Letztendlich hat das Mädchen ihren Lebensraum von einer sehr gut situierten Umgebung in den Knast verlagert, trotz Einschaltung teurer Rechtsanwälte. Mit vierundzwanzig Jahren entschied sich das Mädchen für Suizid.

Heute, viele Jahre später und nach der Aufarbeitung der Geschehnisse, kommen die Eltern zu einer Erkenntnis. „Unsere Tochter hatte etwas Kriminelles in den Genen. Mit unserer Erziehung und ernsthaften, kompetenten und fremden Hilfen konnten wir nicht dagegen angehen. Wir sind unglücklich und traurig.“

Eine sehr traurige Geschichte, die aber zeigt, dass Abstammung und Rasse durchaus eine gewisse Bedeutung haben.

Ich komme nun wieder zurück auf die Geburt mit den in die Wiege gelegten Eigenschaften. Gene sind ein Geschenk oder Schlechtes, und dies meist im Sozialen, die von den Vorfahren übertragen werden.

Anerzogenes

Der kleine Mensch wird ab seiner Geburt beeinflusst, wir nennen es Erziehung oder weitreichender Umwelteinflüsse.

Hier spiel Emotionen, Verletzlichkeiten oder kurzum alle sozialen Triebe eine große Rolle. Ist ein Kind weniger verletzlich, so zieht auch der manchmal vorkommende etwas schärfere Ton der Eltern wenig Verletzung nach sich. Der gleiche Tonfall der Eltern bei einem schneller verletzbaren Kind kann schon Folgen in der Weiterentwicklung des Kindes haben. Dies ist ein sehr schwieriges Thema. Dies alles ist relativ unbedeutend, wenn man bedenkt wie auf diesem Erdball mit Kindern umgegangen wird – grausam. Das Kind prägt sich Gutes und Böses ein und da es wie ein Äffchen alles nachahmt, wird es wahrscheinlich das Gute oder das Böse nachahmen. Vor diesem Hintergrund kann man die brutalsten Verhaltensweisen in einigen afrikanischen Staaten verstehen, man darf sie aber nicht tolerieren. Bei uns können diese bis ins brutale abgleitenden Verhaltensweisen größten gesellschaftlichen und politischen Schaden verursachen.

Toleranz

In unserer westlich und christlich geprägten Welt hat Toleranz einen hohen Stellenwert. „Meine Freiheit endet da, wo die Freiheit des anderen beginnt." Nun ist aber Toleranz keine Konstante. Toleranz grenzt an Dummheit. Wer sich dieser Zusammenhänge nicht bewusst ist oder sie ignoriert darf sich nicht wundern, wenn er überrollt wird. Das permanente Gutsein betrachtet nur einen sehr kurzfristigen Zeitraum. Mit mehr Weitblick und Tiefgang sieht man die mittelfristigen und vielleicht auch langfristigen Auswirkungen von gesellschaftlichem und politischem Handeln, welche dem Flachdenker fehlen.

Es hat sich gezeigt, dass sich Toleranz in zivilisierten und moralisch gefestigten Staaten als schönes und bindendes Phänomen zeigt. Toleranz in unzivilisierten Staaten – bringt nichts, zeigt nur Schwäche. Treffen diese Mentalitäten von zivilisiert und unzivilisiert aufeinander, treten Probleme auf, der Toleranzverweigerer versus Toleranter. Es wird der Intolerante gewinnen.

Der Tolerante wird zunächst, wie gewohnt, sich die Meinung des Toleranzverweigerers anhören und versuchen zu verstehen, friedlich versteht sich. Der Toleranzverweigerer wird sich zwar die Meinung des Toleranten anhören, weicht sie von seiner ab, schlägt er mehr oder weniger zu. Der Toleranzverweigerer betrachtet und behandelt den Toleranten als Weichei und Schwächling. Dies macht den Verweigerer in seinem Sinne noch stärker und rücksichtsloser.

Natürlich sehen wird bei den Urdeutschen auch das Problem der Intoleranz. Wenn aber 70 %, der in deutschen Gefängnissen einsitzenden, über Migrationshintergund verfügen, dann darf und muss die Frage gestellt werden: „Wer will und toleriert das und wer nicht?"

Wenn Toleranz und Intoleranz aufeinander treffen, so ist Spaltung die Folge. Kommt noch hinzu, dass die Intoleranz ideologisch oder gar fanatisch geprägt ist, so kann dem nicht mit

Verstand entgegengetreten werden, Argumente ziehen in der Massenpsychologie nicht.

Rudeltiere

Meine Mutter hat mir als Jugendlicher, für mich gut verständlich, erklärt, dass der Mensch zu den Rudeltieren zählt. Ich ergänze dies heute mit meinen Erfahrungen: „… dass der gesunde Mensch zu den Rudeltieren zählt." Sie sagte auch weiter: „Der Mensch ist das größte Raubtier auf diesem Erdball."

Betrachten Sie sich ein typisches Rudeltier, den Wolf. Das Rudel verfügt über ein starkes und gesundes Rudelverhalten, eine Revierverteidigung und Rangkämpfe. All dieses Verhalten ist naturgegeben und nicht durch Menscheneinfluss synthetisiert worden. Ich warne den Mensch, in allen Bereichen, in die Natur nachhaltig einzugreifen. Es kann die Flora ebenso zerstören, wie auch das soziale friedliche Gefüge unter den Menschen. Ich beginne in meiner Betrachtung nun bei der kleinsten sozialen Einheit, der gesunden Familie.

In einer Familie, sei sie mit zwei Personen oder mit sechs Personen repräsentiert ist ein Zusammenhalt unerlässlich. Die Familie ist der Grundpfeiler unseres Deutschen Staates – generell eines Staates beziehungsweise eines Volkes. Streit und Debatten in der Familie sind bis zu einem gewissen Grad vollkommen normal und tragen auch oft zur Bereinigung von

Meinungsverschiedenheiten bei. Ein gutes Beispiel sind italienische Familien. Selbst wenn dort ein Familienmitglied eine kriminelle Handlung vollzieht, bleibt die Familie zusammen. Anders im Islam. Wenn dort eine junge Muslime einen „Ungläubigen" liebt und mit ihm zusammen leben möchte, muss sie damit rechnen von der eigenen Familie getötet zu werden. Dies wird, für uns unverständliches Vergehen, dann als „Ehrenmord" bezeichnet. Bricht eine Familie in unserem westlichen Sinne auseinander, oder existiert nur zahlenmäßig auf dem Papier und quält sich untereinander mit tätlichen Angriffen, wie Vergewaltigung, dann ist die von mir genannte Grundbasis des Staates verwirkt. Mir fällt auf, dass dies schleichend zunimmt, ein tragender Pfeiler eines Staates zerbröselt.

Die nächst höhere Etage über der Familie sind Dorfgemeinschaften, Interessengruppen, Sportvereine und ähnliches. Hier finden sich Gleichgesinnte, die an einem Strang ziehen. Sicherlich findet man nicht immer von Dorf zu Dorf einen gleichen Konsens, in unserem System läuft in der Mehrzahl aber alles harmonisch und tolerant. Anders in einigen arabischen und afrikanischen Ländern mit islamischem Hintergrund. Hier bilden sich Hasseinstellungen von Stamm zu Stamm, die durch Krieg und Terror ausgetragen werden. Grundlage für dieses Verhalten ist der Koran mit seiner immer wieder formulierten Entzweiung zwischen „Gläubigen" und den „Ungläubigen". Der Geist des Korans wird von einem Großteil der Muslime aufgesogen und als Ideologie oder Fanatismus ausgelebt, auch untereinander.

Über der Familie und den Interessengruppen wirkt das Volk, ich sage nicht der Staat. Sobald ein Volk seine Identität und sein Rudelverhalten verliert, geht es schleichend zugrunde. Wenn nicht mehr zwischen Gut und Böse, zwischen real und ideologisch, zwischen zweckmäßig und unzweckmäßig, zwischen tolerant und intolerant unterschieden wird, dann wird der Weg in die Zukunft sich mehr als steinig erweisen. Auf den gleichen Steinen wieder zurück zu laufen wird dann fast unmöglich. In Europa, insbesondere in Deutschland verliert das gesunde und normale Rudelverhalten immer mehr an Zuspruch und Bedeutung. Mit ein Grund, wie schon erwähnt, ist das Konkurrieren um das beste Menschsein, der Neuankömmling ist besser als das eigene Rudel.

Einige Gedanken

Hier einige Gedanken aus meinem Buch „Untergang des Abendlandes, gefühlt ab 2015".

Ein Staat oder eine Kultur haben ein Verfallsdatum. Einige Beispiele dafür aus der Vergangenheit sind Mayas, Inkas, Ägypter und Römer. Was in der Zeit vor uns zu beobachten war wird sich in der Zukunft wahrscheinlich nicht anders erweisen. Eine Kultur wird erst in der Retrospektive als Kultur definiert. Im Wesen der Kultur stehen zu Beginn der Aufstieg, die längere Existenz und der Untergang. Aufstieg und Existenz gehen mit Produktivität, Schaffenskraft und Leistung einher. Wenn keine Kriege oder Naturkatastrophen den Untergang besiegeln, dann liegt es am Mensch. Fehlen Produktivität, Moral, Schaffenskraft oder Leistung, so lässt die Kraft der Kultur immer mehr nach. Das Gleiche gilt für das interne Bekriegen. Eine Kultur oder ein Staat kann leiden, wenn eine Art Bürokratie so überhandnimmt, dass immer mehr die Administration verwaltet werden muss. Glaubensdifferenzen und extreme soziale Unterschiede tragen auch ihren Beitrag zur negativen Veränderung bei, aber auch Religionen.

Wir leben im Jahre 2018, in einer Zeit mit noch nie dagewesener Informationsflut. Es ist daher nicht so einfach zu beurteilen ob wir derzeit in einer aus den Angeln gerutschten Welt leben. In früheren Zeiten lagen nicht so viele und vor allem schnelle Informationen vor. Ob heute mehr Falschinformationen gestreut werden als früher ist auch nicht mit Sicherheit zu beantworten. Und so komme ich zum Hauptproblem meiner Einschätzung: Informationen.

Informationen sind dem Grunde nach wichtige Wissensträger, im Positiven, wie auch im Negativen. Wer gut informiert ist, darf sich im Vorteil sehen. Das Problem für den Menschen ist zum einen die Vielfalt und zum andern die Wahrhaftigkeit der transportierten Aussagen. Werden zu einem Sachverhalt viele unterschiedliche Stellungnahmen gehört, so macht es Probleme sein eigenes Urteil

darüber zu bilden. Ebenso ist es äußerst schwer den
Wahrheitsgehalt der Informationen festzustellen. Da der Mensch
sehr unterschiedlich zu einem Urteil durch Abwägen und Gewichten
gelangt, wird eine Thematik auch differenziert intensiv
angenommen. Die Talente und Tugenden des Menschen lassen die
geistige Bearbeitung eines Themas mehr oder weniger intelligent
zu. So neigt der eine Mensch dazu, weil er gut abstrahieren kann,
ein Thema von verschiedenen Seiten zu betrachten. Während ein
anderer Mensch, dem diese Gabe nicht in ausreichendem Maße zur
Verfügung steht, sich gerne einer Meinung anschließt die am
lautesten vorgetragen wird. Anstrengender ist die Urteilsfindung für
den Talentierten.

Und so komme ich in dieser Betrachtung zu dem Thema und der
Auswirkung der Massenpsychologie. Jeder unterliegt diesem
Phänomen, der eine mehr, der andere weniger. „Wird dem
Menschen dreimal etwas vorgebetet, so nimmt er es als seine
Meinung an". Diese Feststellung wiederhole ich, ist sicher zu
pauschal, zeigt aber doch einen oft genutzten Weg zur
Urteilsfindung.

Wie erhalten wir unsere Informationen? Nun jeder hat den
Zugriff auf Fernsehen, Rundfunk, Presse, Internet und ganz wichtig:
andere Menschen. Während bei den ersten vier genannten Quellen
Erfahrung mit zur Meinungsbildung beiträgt, so sind es im letzten
Fall zusätzlich Sympathie und Wortwahl.

Als ich vor über vierzig Jahren mit meiner Firma in die IT-Branche eingestiegen bin, habe ich mir die heutige Informationsvielfalt in dieser Form nicht vorstellen können. Für mich waren damals Daten emotionslose Zahlen und Fakten, die als Grundlage für Abrechnungen oder Steuerungen gedient haben. Heute haben sich Informationen auch zu massenpsychologischen Instrumenten entwickelt, die mit hoher emotionaler Präsenz ausgestatten sein können. Wer hier nicht mit einer gesunden Skepsis ausgestattet ist läuft Gefahr manipuliert zu werden. Dies können gefährliche Instrumente der Meinungsbildung sein – der gesunde Menschenverstand gerät aus den Fugen. Die Informationsflut wird in den kommenden Jahren nicht weniger, sondern mehr. Wenn hier von Seiten der gesunden und geradlinig denkenden Staatsführung nicht problemverhindernd Einfluss genommen wird, dann rächt sich das im einfachen Miteinander.

Vor etwa fünfzig Jahren hat ein deutscher Publizist und Journalist eine Aussage gemacht, die ich vom Inhalt her nicht vergessen habe. Leider ist mir der Name entfallen, noch kann ich mich an das Informations-Medium erinnern. Er sagte: „In fünfzig Jahren werden die Probleme der Menschheit nicht so sehr die Kriege sein, sondern Islam und Terrorismus". Diese Aussage kann man sehen wie man will, sie beinhaltet Wahrheit. Ein Thema, das uns in den nächsten Jahren spürbar beschäftigen wird.

Ich möchte noch kurz zu dem Thema des Islam in Verbindung mit den Flüchtlingen eingehen. Wir leben nun zwei Generationen nach dem zweiten Weltkrieg. In Frankreich und Holland gibt es immer noch Stimmen gegen Deutschland. Diese beiden Länder stehen uns in der Kultur sehr nahe. Gläubige Moslimen sind uns alleine von der Erziehung her wesentlich fremder. Es wird Generationen dauern bis eine Integration abgeschlossen ist. So komme ich nun zum Realitätssinn des Menschen.

Mir ist aufgefallen, dass Menschen deren Portmoney nicht sonderlich gut gefüllt ist, oft einen guten Bezug zur Realität zeigen, denn sie müssen ständig bangen, dass aus der Geldbörse Münzen rutschen. Ist der Bauch aber voll und das Konto macht Freudensprünge will man diesen Zustand unter allen Umständen bewahren. Oft scheut man sich schlechte Nachrichten zu akzeptieren oder deutet sie um. Damit könnte man fast eine Brücke zu dem Thema Ideologie schlagen. Um keinen falschen Eindruck zu erwecken, in allen Schichten findet man mehr oder weniger Realitätssinn, dies ist auch keine Sache der allgemeinen Intelligenz. Beispiel: Ich kenne Menschen mit sehr hoher mathematischer Intelligenz deren soziale Intelligenz gegen Null läuft, aber auch umgekehrt. Ein in meinem Sinne praktizierender Flachdenker verfügt über einen limitierten Erkenntnishorizont für objektive Realität. Einer Entwicklung in dieser Richtung sind wir in immer höherem Maße ausgesetzt.

Ich bin von meinen Eltern so erzogen worden, dass ich als Gast in einem anderen Haus mich auch als Gast aufführe. Auch wenn man mir ein absolutes Gastrecht einräumt, verhalte ich mich immer als Gast. Bin ich in einem fremden Land, so bin ich in diesem Sinne Gast. Wer diese große Kleinigkeit missachtet, säht Gegenwind. Ein Gast tut sich mit den Worten danke und bitte sehr viel leichter. Lächeln und Freundlichkeit spenden ebenso ihren positiven Beitrag zu einem Miteinander. Wer ein Gastland verhöhnt darf sich nicht wundern, wenn er abgelehnt wird. Wenn ein Gast demonstrativ Kampfsport betreibt und damit auffällig prahlt und droht, gilt dies nicht in seiner Grundeinstellung als sonderlich integrativ. Ich denke Sie wissen welche Volksgruppe ich meine.

Ich persönlich halte aus heutiger Sicht die Demokratie für das geringste Übel aller Staatsformen. Des Weiteren sehe ich die Demokratie in einigen Dekaden in einer gänzlich anderen Form. Die Kontrolle wird steigen, die Freiheit geht zurück. Wobei ich hier betonen möchte, dass der Mensch nur ein gewisses Maß an Freiheit verträgt. Auch hier gelten, wie im obigen Beispiel, soziale Regeln. Wird der Mensch nicht für seine Worte und sein Handeln zur Verantwortung gezogen und immer Andere oder der Staat als Helfer gesucht, bricht im Extremfall ein System sozial zusammen. Leistung erbringen ist die Grundlage unseres Wohlstandes. Wer viel leistet sollte dafür auch die Früchte ernten. Der Faule soll in einem sozialen Staat nicht verhungern, aber auch keine sonderlichen Geschenke bekommen. Verzichtet der Mensch auf die Verantwortung, setzt er sich an die Außenposition eines sozialen Netzes. Ein absolutes theoretisches Gleichmachen wird eine Volkswirtschaft auf Dauer zerfallen lassen. Erreicht das Illegale aber ein sehr hohes Maß und wird publik vor jedermann, wird illegal zu legal, und das ohne Murren.

Die Wahrnehmungen und das Bewusstsein der Menschen haben sehr unterschiedliche Radien. Einfach erklärt: Meine Frau hat hervorragende Augen und benötigt keine Sehhilfe für ein Objekt in einem Kilometer Entfernung. Ich hingegen kann ohne Sehhilfe dieses Objekt nicht erkennen und kann es somit auch nicht beschreiben. Oder ein anderes Beispiel: Zwei Engländer unterhalten sich in Englisch im Beisein meiner Frau und mir. Da meine Frau besser englisch versteht und spricht als ich, bekomme ich nur die Hälfte mit. Beide Beispiele betreffen die Augen und die Sprache, ich möchte diesen Gedanken nun auf Wahrnehmung und Bewusstsein der Menschen anwenden.

Zwei Freunde fahren mit ihrer Yacht über die Adria von Split nach Pescara. Kurz vor der Marina Pescara bat der Skipper (Kapitän) seinen Freund die Fender zu positionieren. Fender sind luftgefüllte Gummiballons die dem Schutz des Rumpfes dienen, insbesondere beim Anlegen eines Schiffes. Als die Freunde Split verlassen waren die Fender auf einer Höhe von ca. 50 cm über dem Wasserspiegel justiert. In Pescara war der Steg zum Anlegen aber erheblich höher.

Der Skipper hat seinen Freund noch während der Überfahrt darauf aufmerksam gemacht die Fender beim Anlegen höher zu positionieren. Die Fender hingen in Pescara jetzt draußen, aber auf der alten und falschen Höhe. Das Ergebnis war, dass es beim Anlegen sehr deutlich am ungeschützten Rumpf geschabt hat, der Krach war vorprogrammiert. Kosten: 3.500,- €.

Der Skipper hat diese Problematik gesehen, weil er weitblickend ist, sein Freund nicht. Die Höhe der schützenden Fender hätte der neuen Anlegesituation angepasst werden müssen. Aus den unterschiedlichen Wahrnehmungen können auch unterschiedliche Meinungen entstehen, Meinungsverschiedenheiten sind die Folge. Was will ich damit sagen? Viele Menschen sehen vieles nicht, wegen Mangel an Weitblick, und streiten dann noch.

Meinen Unmut, insbesondere zur Politik, habe ich bereits anklingen lassen. Die Art und Weise wie das Thema Flüchtlinge praktiziert wird entspricht in keiner Weise meinen Vorstellungen. Als System-Analytiker gehe ich Probleme auf den Grund und dies mit bestimmten Methoden, Emotionen sollten dabei vermieden werden. Meine Einstellung zu Grenzen habe ich weiter oben dargelegt. Man spricht von Flüchtlingen, obwohl keiner der Behörden weiß wer was ist. Da mir einladende Literatur in deutscher, sowie in arabischer Sprache von deutschen Behörden vorliegt, komme ich zu einem Schluss der nicht Flüchtlinge im Vordergrund sieht, sondern Zuwanderung. Diese Literatur ist ganz klar und eindeutig als Einladung zu verstehen. Wer über brauchbare Menschenkenntnis verfügt weiß, dass sich der Zustrom an Menschen in Flüchtlinge und Wirtschaftsflüchtlinge aufteilt. Jeder kennt das Sprichwort „Gelegenheit macht Diebe". Ich will es auf die Flüchtlingssituation etwas anders formulieren: „Gelegenheit macht Schwindel". Es liegt in der Natur aller Menschen sich Vorteile durch Verdrehen, Verschweigen und Hinzufügen von Tatsachen zu verschaffen. Ganz besonders gilt dies, wenn Identitäten nicht überprüft werden können. Man könnte auch von Invasion sprechen, aus dem lateinischen und wertfrei „eindringen". Diese Problematik der Flüchtlinge, und es ist für die nächsten Generationen ein Problem, ist größer als uns die Politiker es glauben lassen. Die Verbundenheit zur Heimat der „Flüchtlinge" ist durchaus vorhanden, der wirtschaftliche Vorteil wird aber gerne in Deutschland mitgenommen, ebenso wie auch der wahre Fluchtgrund. Es ist für mich nicht hinnehmbar, dass Polizei und andere Organe die Lässigkeit der Politik ausbaden müssen. Seit der EU-Gründung gibt es faktisch keine Grenzen mehr. Warum? Welche Ideologie? Welche mangelnde Zivil-Courage? Damit ich nicht falsch verstanden werde, natürlich gibt es Flüchtlinge, wahrscheinlich auch der überwiegende Teil.

Ich empfinde in unserem Lande eine Umdeutung von Begriffen, man weist Worten durch andauernde Wiederholungen anderen Bedeutungen zu als ursprünglich gebräuchlich. Man kann auch sagen es werden Begriffe verdreht. Ebenso werden nicht angenehmen politischen Gruppen Eigenschaften zugeredet, die nicht so vorhanden sind. Man will nur das Gute hören, dies ist aber leider nicht die Realität. Wenn sich eine Person, begründet und kritisch, und ohne Diffamierung über die Flüchtlingssituation äußert, so ist er Rassist oder rechtsradikal. Wenn gesunder Menschenverstand derart systematisch zerdrückt wird, sehe ich grau für die Zukunft. Das Leben für den Menschen ist nicht gut, das Leben für den Menschen ist nicht schlecht, es ist gut und schlecht, kurzum es ist kein Streichelzoo. Warum gäbe es sonst, Justiz, Polizei und andere regelnde Organe. Das bedeutet nicht, dass wir nicht die schönen Seiten des Lebens genießen sollen. Nur gut zu reden und ggf. nicht zu handeln liegt fern der Realität, und wir leben in der Realität. Ideologen oder gar Fanatiker stören das gesunde Miteinander.

In vielen Zusammenhängen wird gerne schnell von Generalverdacht gesprochen um damit weitere Äußerungen zu unterbinden. Generalverdacht ist in diesem Zusammenhang als Vorurteil mit unqualifizierter Bedeutung gemeint. Wenn aber tagtäglich in allen Medien von terroristischen Plänen und Aktionen die Rede ist und das in Verbindung mit dem Islam, so ist es eine statistische Betrachtung, wenn man von einem auffälligen Vorkommen spricht. Man lässt es gewähren. Ich frage mich über welche Menschenkenntnis und Lebenserfahrung diejenigen verfügen, die uneingeschränkt und kritiklos das Flüchtlingsthema als Bereicherung bezeichnen. Es wird in diesem Sinne viel zu wenig differenziert. Ernst zu nehmende Kritiker werden als Pauschalurteiler bezeichnet, die „guten Menschen" selektieren die Zusammenhänge überhaupt nicht.

Wenn zwei Menschen objektiv das gleiche aussagen, der eine ist populär, der andere nicht, dann hat die Wirkung der Worte in der Öffentlichkeit eine sehr unterschiedliche Bedeutung. Wer am lautesten schreit dem schenkt man eher Gehör als dem Leisen. Treffen die Gedanken den Zeitgeist, so wird der populäre Mensch gefeiert, auch wenn der transportierte Inhalt sachlich völlig falsch sein kann. Der Zeitgeist ist ein massenpsychologisches Phänomen, dessen Auswirkung gravierende Folgen haben kann. In allen Kulturen kennt man die Gewalt und Beeinflussung durch Worte. Wir müssen nicht nur in unserer eigenen Vergangenheit suchen.

Als Organisator und System-Analytiker sage ich, dass die EU mit der heißen Nadel gestrickt wurde. Über zwanzig souveräne Staaten wurden fast über Nacht zusammengeführt, für mich viel zu schnell, fast hektisch. Ein so hoch komplexes generiertes System wie die EU bedarf der bedachten Gestaltung. Wer genau hinhört erkennt, dass durch die EU mehr Probleme als erwartet zur Auswahl stehen. In diesem Zusammenhang eine Frage: Wie würde es Griechenland heute gehen, wenn es keine EU gäbe? Es wurde groß getönt, dass kein Land für ein anderes haftet. Irrtum, weit gefehlt, ich fühle mich betrogen. Dieser Zusammenschluss EU ist viel zu schnell geschehen. Sicher ist es angenehm, dass ich in Österreich mit der gleichen Währung bezahlen kann wie in Deutschland. Sicher ist es angenehm, dass Zollkontrollen abgeschafft wurden. Sicher ist es angenehm, dass die Wirtschaft in Im- und Export Erleichterungen spürt. Hier stelle ich mir eine Waagschale vor. Auf die eine Seite die Vorteile und Erleichterungen der EU, aber gewichtet, in die andere Waagschale der Aufwand, die Probleme und die Hemmnisse.

Ich war damals ein zweifelsfreier Befürworter der EU. Am meisten habe ich die friedliche Koexistenz der EU-Staaten gesehen. Heute bin ich mir in Allem nicht mehr so sicher. Die EU produziert Richtlinien im Akkord, ist aber nicht im Stande eine Außengrenze sicher zu stellen. Als Noch-Unternehmer ist für mich die Finanzpolitik der EU unverantwortlich. Wäre ich mit meiner Firma ins finanzielle Straucheln geraten, so hätte dies zur Insolvenz führen können. Insolvenz dient nicht dazu etwas zu zerstören, sondern etwas zu erhalten, den Karren aus dem Dreck ziehen, damit es weitergehen kann. Die EU-Länder, die an der Insolvenz schaben, sollten in diesem Sinne einen Gesundungsprozess durchlaufen.

Ich sehe ein Problem in den Flachdenkern. Das sind Menschen, die nicht viel Spielraum für geistige und intellektuelle Turnübungen haben. Sprüche wie, das war immer so oder es wird schon nicht so schlimm kommen oder so ganz verstehe ich das nicht, sind nicht sonderlich hilfreich für eine ernsthafte Betrachtung.

Der Tiefdenker unterscheidet und differenziert, sieht daher auch
mehr Alternativen und verfügt oft über den erforderlichen
Weitblick. Beide haben in einer Demokratie die gleiche Stimmkraft.
Da ich der Meinung bin, dass sich die Demokratie ändern wird, kann
ich mir vorstellen, dass man wie in der Vergangenheit schon
praktiziert zu einem gewichteten Stimmrecht kommt. Oder glaubt
jemand, dass der notorische Schulschwänzer ohne Schulabschluss
sich ein Bild vom Bundeshaushalt oder die politische Lage machen
kann, obwohl dies schon sehr schwer ist? Die Unterschiede sind,
wenn man sich mit den Menschen beschäftigt, eklatant.

**Ich bin immer wieder erstaunt wie naiv ohne tiefere
Menschenkenntnis Menschen sein können**. Wir wissen doch alle,
dass Herkunft und Umwelt den Menschen prägen. In die Wiege
werden Talente und Tugenden gelegt, der größere oder kleinere
Rest wird vom Umgang, insbesondere in den ersten ca. fünf Jahren
geprägt.

Vor einigen Jahren war ich zu Besuch in Lille Hammer, eine
ehemalige kleine Olympiastadt in Norwegen. In meinem Hotel
wohnten auf der gleichen Etage für einige Tage eine Gruppe
Chinesen. Das Hotel verfügte über ein Restaurant im Erdgeschoss,
welches gut frequentiert war. Als ich an einem Abend in mein
Zimmer wollte, saßen ca. acht Chinesen im Flur und kochten mit
Gasöfen ihr eigenes Abendessen. Das ganze Hotel roch nach der
Kochkunst. Außer der Brandgefahr und dem Geruch war das

Vorhaben für mich nicht weiter störend. Andere Länder, andere Sitten passt hierzu als Beschreibung recht gut – eine friedliche Sitte allerdings. Schauen sie sich bitte mal die Sitten in einigen afrikanischen oder arabischen Ländern an. Auch dort andere Länder, auch dort andere Sitten. Sie sollten hier einmal recherchieren. Das was sie finden ist wahr: Vergewaltigungen, Tötungen, Steinigungen, Diffamierungen, Verschleppungen, Erpressungen, und viele Schönheiten mehr. So benimmt sich noch nicht mal die Fauna in ihrer brutalsten Ausprägung. Und hier scheidet sich die Spreu vom Weizen, einige gehen diesen Informationen nach und machen sich ein einigermaßen objektives Bild, während die anderen diese Schlechtigkeiten ausblenden und nichts davon hören und sehen wollen. Das Letztere ist gefährlich, es ignoriert die Realität und wenn diese vor der Haustür steht ist es zu spät. So nebenbei sei erwähnt, dass die RAF ein harmloser Club gegenüber einigen afrikanischen und arabischen Ländern war. Nehmen sie einmal ein Kind aus einem dieser Länder mit diesen abscheulichen Sitten und betreuen es ein Jahr in ihrem Hause. Sie haben aber noch ein eigenes Kind im gleichen Alter in ihrem Haushalt. Was glauben Sie, fallen sich die Kinder in die Arme, verstehen sich gut, spielen zusammen, tauschen sie Gedanken aus? Da beide in völlig unterschiedlichen Umgebungen, Moralempfinden und Einflüssen aufgewachsen sind besteht zumindest die Wahrscheinlichkeit, dass dieses Vorhaben nicht gut geht. Wohlbemerkt, das Kind aus dem afrikanischen Land ist es gewöhnt mit Schusswaffen und Stichwaffen umzugehen und dies auch bei geringster Reizschwelle. Es holt sich das was es im Augenblick will ohne zu fragen, ohne danke und bitte. Dies ist keine Phantasie, recherchieren sie. Auf unserem Erdball ist es in Deutschland sehr ruhig und schön, die anderen Länder sind weit weg. Medien und Politik wollen auch nicht zu negativ über Länder reden mit denen sie bilaterale Beziehungen pflegen.

Zu dem Thema Masse fällt mir noch ein Gedanke ein. Im Menschen residieren ein Massen- und ein Individual-Bewusstsein, mit unterschiedlicher und individueller Ausprägung. Bei Meinungsschwachen die sich in Gewichten und Abwägen schwer tun greift die Beeinflussung durch Massen in Form von Menschen und Medien aller Art schneller als bei Menschen mit eigener individueller Meinung. Hier im zweiten Fall stehen Tugenden und Talente dem Menschen zur Verfügung die der erste Fall mehr vermissen lässt. Dennoch bin ich der Meinung, dass jeder Mensch in irgendeiner Weise der Beeinflussung durch Massen unterliegt. Nimmt man nur mal die Mode, dies ist ein Massentrend, also massenpsychologische Beeinflussung. Trends sind ähnlich zu werten. Im erweiterten Sinn muss jeder in einer Form einem Massentrend folgen. Stellen sie sich vor sie besäßen kein Telefon.

Diebstahl habe ich schon einmal angesprochen. Ich möchte diese freundliche Bereicherung mal aus einer anderen Perspektive betrachten. Was ist Diebstahl? Jemand nimmt einem anderen etwas von seinem Eigentum weg. Klingt für jeden verständlich. Aber ist auch das unerlaubte Müllentsorgen im Wald Diebstahl? Nach unserer Rechtslage nicht, nach meinem Rechtsverständnis im erweiterten Sinne aber doch. Wer muss dann den Müll entsorgen? In den meisten Fällen der Bauhof der Kommunen. Der Bauhof hat Mitarbeiter die mit einem Fahrzeug in den Wald fahren und den Müll entfernen, Dauer ca. zwei Stunden. Beim Fahrzeug entstehen kalkulatorische Kosten und die Mitarbeiter müssen bezahlt werden. Die Kommune finanziert den Bauhof durch Steuereinnahmen, den größten Beitrag leistet oft die Gewerbesteuer. Diese Steuern zahlen sie als Leser. Den Einwand, die Fahrzeuge und die Mitarbeiter stehen doch sowieso zur Verfügung, lasse ich nicht gelten. Er entspringt einem Flachdenkerhirn. Bei zehn solcher Fälle und weiteren fünfzig ähnlichen überlegt die Verwaltung ob neue Mitarbeiter eingestellt werden und ein weiteres Fahrzeug angeschafft werden muss. Der Begriff Diebstahl umfasst nach meiner Auffassung also noch mehr.

Was ist mit Drückebergern, Faulenzern, Sozialschmarotzern oder Erschleichen von Vorteilen? Oh ja, die gibt es alle, sie haben nur mit Müll-Gruppe nichts zu tun. Eine, wenn auch besondere Gruppe von Menschen, klagen und beschweren sich zu jeder kleinen Gelegenheit. Gut zu erkennen in Eigentümergemeinschaften. Es bringt oft nichts, hält auf und kostet meine Zeit. Was ist denn mit den Geldern die in der EU großzügig verteilt werden oder die hohen Flüchtlingskosten? Sicher Geld kann gedruckt werden, verliert aber dann an Wert. Leiht man jemandem Geld, so ist dies ein Entgegenkommen. Schenkt man jemandem Geld, so ist es das Gleiche. Erfahrungsgemäß steigern solche Geschenke nicht die Produktivität des Beschenkten. Warum soll ich mich anstrengen, wenn es auch anders geht. Falsch halte ich auch die bedingungslose Bereitstellung von Geldern bei Flüchtlingen ohne eine Gegenleistung. Das ist auf keinen Fall unsozial oder unmenschlich, es ist einfach fair, denn „Sie" zahlen. Das Strafgesetzbuch definiert natürlich den Begriff anders als meine Interpretation. Hier steht Rechtsprechung gegen Rechtsempfinden.

Ist es moralisch vertretbar kriminelle Flüchtlinge länger Aufenthalt in Deutschland zu gewähren? Ich sage nein, sie schaden der Volkswirtschaft und dem Volk. Lässt man ihnen das Bleiberecht, so sehen sie dies als rechtens an und fordern es ein. In den vergangenen zwei Jahren habe ich Meldungen aus den Medien über dieses Thema für ein Buch gesammelt. Ich glaube auch, dass sich die gesammelten Informationen als der Eisberg einer schleichenden Problematik zeigen. Es ist unfassbar, dass sozial abgedrehte Realitätsfremde für diese Menschen Bleiberecht einfordern. Die Willkommenskultur wird in der Öffentlichkeit als positiv wahrgenommen, es ist ja auch eine freundliche Geste. Dies ist aber nur eine oberflächliche Einstellung dieser Emotionslage gegenüber.

Die Tiefdenker sehen dies etwas anders und zwar kritischer und realistischer. Warum haben die Menschen aus den islamischen und arabischen Ländern nicht den Lebensstandard wie der Westen? Es fehlt, ganz besonders in den meisten Staaten in Afrika, an Produktivität. Und anzunehmen, dass mit der Ankunft in z.B. Deutschland diese Produktivität und einhergehend Moral grundlegend und schnell steigt ist fern aller Erkenntnisse. Ich sage damit nicht, dass dies alle betrifft, aber der dichteste Wert zeigt wenig Bildung und andere moralische Vorstellungen, vom Glauben ganz zu schweigen.

Somit wären wir bei dem Thema des Islam, dem der Koran vorsteht. Haben sie schon einmal einige Passagen aus dem Koran gelesen? Nein – aber sie reden von einer friedlichen Religion. Wie kommen sie zu dieser Erkenntnis? Derzeit bekämpfen sich islamische Gruppen bis aufs Messer, Intoleranz wird gepredigt. Wie kommen sie dazu den Islam als friedlich zu bezeichnen, wenn der Koran die Ungläubigen ins Feuer wünscht, wenn Frauen deutlich unter dem Mann stehen? Dass hin und wieder Allah als barmherzig gepriesen wird ist im Gesamtzusammenhang eine Phase. Der Koran lässt sich je nach Mensch unterschiedlich interpretieren. Mord kann legitim sein oder das friedliche Miteinander soll gefördert werden. Wenn der Schreiber dieses Korans selbst Kriegsherr war, wie will er vordergründig von Frieden reden? Das Neue Testament ist dahingehend wirklich friedlich. Jesus hat nicht ein einziges Mal

Intoleranz oder von Unterscheidungen des Glaubens gesprochen. Ich teile auch nicht die Aussage von Jesus: „Wenn dir auf die rechte Wange geschlagen wurde, so halte auch die linke hin". Alleine aus dieser Betrachtung kann man schließen, dass der Islam mit viel mehr Wille zur Auseinandersetzung und Durchsetzung auftritt als das Christentum. Wir werden sehen.

Recherchieren sie im Internet nach behördlichen Kriminalstatistiken und schauen sich den prozentualen Anteil der Verurteilten mit Migrationshintergrund an. Ich denke, lesen und rechnen können sie als Leser. Wer diese Werte als belanglos bezeichnet ist eine ernste Gefahr für den friedlichen Fortbestand eines Landes oder einer Kultur.

Wer sich in den Begriff „grenzenlos" verliebt hat, hat von dem Miteinander der Menschen noch nicht viel mitbekommen, eine brauchbare Menschenkenntnis und Lebenserfahrung kann ich für diese Flachdenker nicht erkennen. Nur Gutmensch zu sein mag kurzfristig sozialen Frieden schaffen und einer Selbstbefriedigung gleichkommen, aber nicht auf einen längeren Zeitraum hin.

Vielleicht spielt in der Problematik der Flüchtlingswellen auch die Tatsache eine Rolle, dass sich der Westen immer wieder in Krisengebiete eingemischt hat. Rache und Aggression wird damit auf mindestens einer Kriegsseite geschürt. „Wenn zwei sich streiten freut sich der Dritte" trifft hier zu. Wenn zwei sich auf dem Schulhof prügeln muss der Schlichter oder besonders der Parteiergreifende damit rechnen, dass er den einen oder anderen unfreundlichen Schlag abbekommt.

Schaut man sich das Geschehen auf diesem Erdball in unserer Zeit etwas intensiver an und informiert sich, dann kann man durchaus zu dem Schluss kommen hier ist einiges aus den Angeln gehoben worden. Ob bewusst oder durch den Zeitgeist mag ich nicht beurteilen. Vielleicht liegt es auch daran, dass wir heute mehr Informationen zur Verfügung haben als noch vor fünfzig Jahren. Auch ist es schwer zu beurteilen ob früher mehr oder weniger Fehlinformationen gestreut wurden, ich denke heute mehr. Jeder kann heute anonym Schwachsinn in den Netzen verbreiten.

Auch wenn Olympia nicht frei von Korruption ist, so ist der Gedanke der fairen Kämpfe durchaus beispielhaft. Klare Regeln, ohne dass sich jemand in seinem Tun benachteiligt fühlt, bringen eindeutige Ergebnisse. Erfolg und Misserfolg werden klar ermittelt, Zweifel sind nur in den wenigsten Fällen angebracht. Dies lässt sich natürlich nicht so einfach auf die Politik übertragen, weil sie erheblich komplexer und auch korrupter wirkt.

Als Analytiker muss man bei komplexen Zusammenhängen manchmal einige Faktoren ausblenden um einzelne Segmente zu beurteilen. Oft generiert man damit eine brauchbare Gesamtlösung. Stellen sie sich mal vor es hätte nie Tierversuche gegeben. Und sie sollten wissen ich mag Tiere, ich denke hier an unseren geliebten Hund Asta. Die Wissenschaftler haben Tierversuche nicht durchgeführt um Tiere zu quälen. Sie haben sie durchgeführt damit sie als Leser ein Medikament erhalten, das sie gesunden lässt oder sogar ihr Leben rettet. Sicherlich steht auch der wirtschaftliche Gedanke im Hintergrund. Der Flachdenker verkennt dies oft und sieht nur eine eventl. Qual eines Tieres. Man sollte ihn mal vor die Wahl stellen: Nimm das Medikament um deine Krankheits-Qualen zu beenden von einem Tierversuch oder nicht und quäle dich länger. Ein grüner Aktivist wird in einer lebensbedrohlichen Situation ganz schnell seine Einstellung ändern. Meine persönliche Meinung dazu ist, so wenig Tierversuche wie erforderlich, soviel Labortests wie möglich.

Nach den Informationen des obersten Verfassungsschützers sind von den Millionen vorwiegend arabisch stämmigen Männern mehr als siebzig Prozent ohne Pass gekommen. Was meinen sie warum dies der Fall ist? Wohin soll dann Deutschland den straffällig gewordenen Asylanten zurück schicken, nach Marokko, nach Tunesien, nach Libyen oder sonst wo. Kennen die deutschen Behörden denn überhaupt die richtigen Namen. Wenn ich eine IS- oder Rache-Gesinnung hätte, so wäre es ein leichtes nach Mitteleuropa einzudringen, auch noch heute im Jahre 2018.

Wo haben fast alle Flüchtlinge ihre Handys her. Wenn ich mit meinem Handy von Deutschland nach Syrien telefoniere, glaubt denn jemand, dass dies umsonst ist. Wer zahlt die Handys dieser Flüchtlinge auf dem Weg nach Europa und in Europa. Der Austausch an Informationen über Handy verbindet alle Flüchtlinge problemlos untereinander und mit der Heimat. Hier angekommen stellt sich die Frage: Wird in allen Moscheen deutsch gesprochen? Natürlich nicht. Bekommt der Staat davon etwas mit was da gesprochen wird? Natürlich nicht oder nur in Ausnahmefällen. 2016 sind fünf Anschläge in Deutschland vorgekommen. Täglich mehrfache Hinweise auf geplante Anschläge sind beim Verfassungsschutz eingelaufen. Die Dunkelziffer kann nur erahnt werden. Ich bedaure die Behörden wie beispielsweise Polizei und Verfassungsschutz. Sie baden das aus, was die Politik wegen mangelndem Rückgrat und Zivil-Courage nicht fertiggebracht hat, Position zu zeigen und nein zu sagen.

Folgende Meinung wird Empörung hervorrufen, sollte aber grundlegend durchdacht werden. Das Grundgesetz besteht bald siebzig Jahre. In dieser Zeit hat sich viel getan, es ist vieles anders geworden und muss somit auch anders betrachtet werden.

Asylrecht und Religionsfreiheit hatten damals ihre Berechtigung. Mit der Religionsfreiheit hat man sich vor gut siebzig Jahren eine friedliche Religion wie eben das derzeitige Christentum vorgestellt, aber nicht eine Ideologie die religiös und politisch intolerant Andersgläubigen gegenüber Stellung bezieht. Der Islam, passt nicht zu unserer Kultur, zu unserer freiheitlichen Lebensart und auch nicht zu unserer christlichen Prägung. Dies wird für Generationen

Probleme verursachen, lesen sie den Koran, aber bitte realistisch und nicht schönmenschlich verklärt.

Ein Staat schwächt sich strategisch, wenn er ohne Kenntnis der Wirkung uneingeschränktes Asylrecht sichert. Das wäre so als würde ich jeden Mitarbeiter meines Unternehmens den Griff in die Kasse freizügig gestatten. Kommen 10.000 Asylanten ist es ja zu verkraften, kommen eine Million so wird es zumindest mittelfristig schwierig, kommen 10 Millionen, was ist dann? Wer sagt, dass dies nicht eintreten kann bei einem liberalen Asylrecht. Die Bevölkerung in Afrika wird absolut sicher explodieren – wohin dann? Ein Land wie Deutschland legt sich damit ohne Not auf den Rücken, es schwächt sich. Wie ist es denn mit der freien Ausübung einer Religion? Auch schwächt sich ein Staat im Vorfeld ohne zukünftige Ereignisse einer Religion zu erahnen. Man sollte sich nicht schwachen, man sollte versuchen sich abzusichern, ein vernünftiges Vorgehen. In beiden Fällen ohne Asylrecht und ohne Religionsfreiheit wäre von Fall zu Fall zu entscheiden. Dann wäre der Anteil der Wirtschaftsflüchtlinge sicherlich erheblich geringer, der Terrorismus würde sinken.

Ich bin getauft und in einem christlichen Haushalt aufgewachsen. Mit etwa zwanzig Jahren bin ich aus der evangelischen Kirche ausgetreten, weil Religion mir unverständlich und ideologisch vorkam, ich verstehe Glaube nicht. Auch hilft mir der Anker des Glaubens nicht, weil mein Glück in meinen eigenen

Händen liegt. Allerdings muss ich zugestehen, dass all das was mich umgibt – die Natur - schon sehr gut ausgebaut ist. Es wäre durchaus denkbar, dass so etwas wie eine höhere Instanz uns umgibt. Da ich ein Verfechter des Begriffes „Unendlichkeit" bin und diese auch in meinem Vorstellungsvermögen vorkommt, ist auch sicher der Kollege Zufall im Spiel. Niemand weiß es, viele glauben etwas. Religion ist für mich daher eine Ideologie, die nächste Stufe wäre der Fanatismus, den wir im Islam beobachten können. Beides ist ein seelischer Rausch. Auch Sekten sehen sich oft als eine Art Religion.

Hat man, und dies ist deutlich zu erkennen, in unserer Art Demokratie, eine fundierte andere politische Meinung, so ist man Querulant, Nazi oder Rechter, obwohl sachliche Argumente ins Feld geführt werden. Hier tritt eine immer sich widerholende Massenmeinung gegen eine Individual-Meinung an. Der Einzelne hat gegen die Masse kaum eine Chance, auch wenn nachträglich gesehen die richtige Argumentation vorgebracht wurde. Das Ergebnis der an Lautstärke dominierenden Massenmeinung kann Revolte auslösen. Ein Eimer läuft über und dies ist gegeben falls nicht mehr rückgängig zu machen. Wenn es dem Esel zu gut wird, geht er aufs Eis. Wenn es bestimmten Volksgruppen zu gut geht, zeigt sich das oft in der Konkurrenz um das Gutsein.

Im Zeitpunkt Februar 2017 sind folgende Meldungen von den Medien veröffentlicht worden. Islamische-terroristische Szene in Deutschland deutlich gewachsen. Streit über Sammelabschiebung nach Afghanistan. Zum ersten Thema: 1.600 „islamisch-terroristische Personen" sind dem Verfassungsschutz bekannt, die Dunkelziffer nicht. Vor einigen Monaten waren es noch 1.200 dieser Personen. Zwei bis vier Hinweise auf drohende terroristische Anschläge erreicht das Amt täglich. Im Vorjahr waren es halb so viele. Das Bundeskabinett hat daher beschlossen als Gefährder eingestufte Personen abzuschieben. Heute sind unter größten Protesten 18 nach Afghanistan abgeschoben worden. Ein Problem bei der Abschiebung ist die genaue Identität des Ausreisepflichtigen festzustellen. Wie soll dies auch, wie schon erwähnt geschehen, wenn keine Papiere diese Personen ausweisen oder wenn verschiedene Identitäten angegeben werden. Das letztere Verhalten wird wegen erhoffter und mehrfacher finanzieller Unterstützung verwendet. Reden in der Politik ist Silber, handeln Gold. Abgelehnt werden Abschiebungen mit den unterschiedlichsten Begründungen von den Grünen, den Linken, Teile der SPD und den sogenannten Gutmenschen. All denen empfehle ich für die Glaubhaftigkeit Ihrer Stellungnahme je einen Flüchtling privat aufzunehmen. Deutschland mag wirtschaftlich sehr gut dastehen, eine Art familiärer Zusammenhalt ist nicht erkennbar, es geht einigen zu gut, die damit auch nicht umgehen können.

Ein Vorkommnis habe ich zweimal selbst in Frankfurt erlebt und einmal im deutschen Fernsehen mir angeschaut. Die Vorgeschichte habe ich in allen drei Fällen nicht mitbekommen, ist aber auch unerheblich. Sinngemäß war folgendes von einem türkischstämmigen Mann bei den Beobachtungen zu hören: „Ihr seid doch selbst schuld, dass ihr alles gewähren lasst, ihr seid absolute Weicheier, wir kriegen Euch schon klein". Sie müssen es nicht glauben, gehen sie auf die Straße und hören sie zu. In Gaggenau wurde eine türkische Großveranstaltung von Seiten der Stadt abgesagt, ein Tag später erhielt die Stadt eine Bombendrohung, das ist die hier erlebte Demokratie.

Ein anderer Fall ereignete sich vor dem Krankenhaus in Höchst. Eine Autofahrerin verlies in langsamem Schritttempo das Gelände des Krankenhauses und fuhr Richtung Bürgersteig und Straße. Vor dem Bürgersteig blieb die Autofahrerin stehen um eine Muslime mit Burka und ihre beiden Kindern vorbei zu lassen.

Daraufhin raste die Frau, es waren ca. fünf Meter, auf das Fahrzeug zu und trommelte auf die Motorhaube. Die Flüche konnte ich nicht verstehen. Es war keinerlei Risiko durch die Autofahrerin zu erkennen. Daraufhin hat sich ein Passant eingeschalte und der Trommlerin klargemacht, dass weder etwas passiert ist noch irgendeine Gefahr bestand. Das Trommeln hörte auf und von der gegenüberliegenden Straßenseite brüllte ein Mann im akzentfreien Deutsch: „Lassen sie die Frau in Ruhe, sonst komme ich rüber". Was sagen sie dazu? Dies geschieht tagtäglich in unserem Land. Wollen sie tolerant sein und dies gewähren lassen? Wissen sie was sich alles verändern kann, wenn dies noch mehr zunimmt und sie lassen es gewähren? Die Autofahrerin war sichtlich eingeschüchtert.

Weil ich gerade bei der Zunahme von Delikten bin, hier ein Beispiel für den Frankfurter Bahnhofsvorplatz. Die Anzahl der Drogendealer, insbesondere aus Afrika, hat sich nach Feststellung der Polizei extrem erhöht. Wer kaufte die Drogen, wer wird dazu ermuntert: viele deutsche Jugendliche. Ein anderes Beispiel habe ich am Ende der Einkaufsmeile von Hannover beobachtet. Ca. fünfzig Schwarzafrikaner lungerten auf einem Platz in der Nähe verschiedener Einzelhandelsgeschäfte herum.

Da ich mich in Hannover zu Geschäftstreffen oft aufgehalten habe und die Innenstadt kannte, habe ich mich gewundert, dass kein Geschäft seine Waren außerhalb des Ladens dargeboten hat, wie dies früher der Fall war. Meine Frage nach dem Grund wurde wie folgt beantwortet: „Die klauen wie die Raben, die Polizei ist machtlos". Aber das ist noch harmlos.

Bei Bluttransfusionen wird das Blut getestet bevor es in den Körper eines anderen Menschen läuft. Bei Einstellungen von Mitarbeitern werden die Bewerber geprüft ob sie geeignet sind für die betreffende Organisation, sachlich und menschlich. In Kliniken wird auf Sterilität geachtet, damit keine bösartigen Keime sich ausbreiten und Erkrankungen verursachen. Schiffe, wenn sie angelegt haben, verfügen über Abweiser an den Leinen damit keine Ratten an Bord kommen.

Dies ist alles richtig, macht Sinn und ist völlig normal. Was hält Politiker und Teile des deutschen Volkes davon ab sich ebenso abzusichern. But fließt während der Transfusion in den Körper, aber nur reines. Bewerber werden eingestellt, aber nur geeignete. Organisatorisch ist dies alles auch in der Flüchtlingsproblematik möglich, man muss es nur wollen.

Was sagen sie denn dazu, dass in einer bestimmten Region in Deutschland über fünfzig Prozent der Bewohner am Verzehr von Leitungswasser gestorben ist. Wenn ich Terrorist wäre würde ich mich als qualifizierter Ingenieur bei den Stadtwerken einstellen lassen. Dass dies möglich ist sehe ich als sehr wahrscheinlich an, ich muss es nur geschickt anstellen. Wenn ich mir dann den Zugang zur regionalen Wasserversorgung verschaffe werde ich das Trinkwasser toxisch hochgradig verändern. Mir möge bitte niemand erzählen, dass dies nicht möglich ist.

Das Realitätsbewusstsein beim Menschen ist, wie schon erwähnt, sehr unterschiedlich. Wird einem Menschen das Schlechte vorenthalten und er wird nur mit dem Guten konfrontiert, so fehlt ein Teil der Realität, er kann nicht beurteilen. Natürlich möchte ich mich nicht nur mit schlechten Dingen beschäftigen, ich möchte Freude am Leben haben.

Muss ein Mensch kämpfen hat er die Chance die Realität zu erkennen. Sitzt jemand sechs Monate auf seiner Yacht und erfreut sich des Champagners ohne sich über das Tagesgeschehen zu informieren oder sechs Monate um den Erdball jettet, so hat dieser Mensch weniger Chancen sich mit der Realität anzufreunden. Im Lebenskampf, dies ist oft finanziell motiviert, sieht man meist die Dinge wie sie sind. Darüber hinaus möchte der Mensch nichts Schlechtes hören. All dies trägt zur Meinungsbildung bei, die dann mehr oder weniger fundiert ist. Leider macht Krieg auch realistisch.

Wir sind in Werten erzogen worden mit dem Bewusstsein Leistung zu erbringen um gut leben zu können. Man kann sagen, dass unsere gemeinsame Lebensqualität von unserer gemeinsamen Produktivität abhängig ist. Wer nichts tut bekommt nichts, wer etwas tut bekommt auch etwas und wer viel tut wird auch viel bekommen. Hier unterscheiden sich Faule von Fleißigen, wobei Glück auch eine wesentliche Rolle spielt. Dem kann man aber nachhelfen.

Die meisten Asylanten kommen aus Ländern in denen Produktivität nicht diese Bedeutung hat und somit auch nicht in unserem Sinne praktiziert wird, sonst hätten sie unseren Lebensstandard. Passen wir uns den Flüchtlingen an, so sinken Moral und Produktivität. Passen die Flüchtlinge uns an, so kann man vermuten, dass unser Standard erhalten bleibt.

Als ich erfuhr, dass die Saudis keine Flüchtlinge, also ihre arabischen Brüder und Schwestern, aufnehmen, war ich zunächst erstaunt. Im Übrigen, es beschwert sich auch niemand darüber. Der

Grund für die Weigerung ist die Angst vor Terror, so wie er z.B. im Dezember 2016 in Berlin praktiziert wurde.

Links wird man aus verschiedenen Gründen, die politische Einstellung ist ja nicht angeboren. Zum Einen, und das überzeugt mich, kann eine ehrliche und moralisch integre Menschlichkeit zur Motivation beitragen. Dieser Typ Mensch stellt sein eigenes Ego etwas in den Hintergrund. Wenn mit diesem Verhalten das Glücklich sein und die Überzeugung einhergeht, so ist das für mich authentisch. Liegt der Unterbau der Linkseinstellung aber im Bereich des Neides, so ist für mich hier Vorsicht geboten, wie so oft, wenn soziale Triebe sich hier zeigen. Die Argumentation ist in diesem Fall vordergründig ideologisch geprägt. Interessant ist es dann, wenn ein Gewerkschaftsfunktionär einen Job in der Industrie mit dem zehnfachen seines bisherigen Gehaltes annimmt – das Geld lockt.

In vielen Fällen halte ich die Gruppenmeinungsbildung, der jeder unterliegen kann, für kritisierbar. Nehmen wir als Beispiel die CDU in einem Stadtverband. In einer Kommune habe ich die Meinungsprägung einmal deutlich beobachten können. Beginnen wir ganz oben. Merkel vertritt die Auffassung „pro Flüchtlinge". Die Landesverbände, auch wenn sie die Einstellung nicht teilen, vertreten ebenfalls diese Einstellung von Frau Merkel. Die Parteien in den Kommunen, in meinem Beispiel die CDU, werden eingenordet und norden sich selbst zu diesem Thema pro Merkel ein. In der Gemeinde X wurden bei der letzten Kommunalwahl extrem viele Plakate wahrgenommen mit gefühlten zwanzig unterschiedlichen Personen. Alle Kandidaten haben im Wahlkampf fast identische Argumentationsketten posaunt. Das Zugehörigkeitsgefühl und nun etwas in der Öffentlichkeit zu stehen schweißt zusammen, eine Art Fraktionszwang. Obwohl ich solche Phänomene kenne, habe ich diese Art der Meinungsbildung, nein Meinungsäußerung, als nicht sonderlich vorteilhaft empfunden. Eine betet vor und tausende quaken das Gleiche nach. Hier fehlt mir etwas die Individualmeinung. Neue Parteien, die sich selbst erst finden müssen, haben es da leichter, es zeigt sich aber auch chaotischer.

In unseren Zeiten schiebt der Mensch immer mehr Verantwortung auf die Allgemeinheit den Staat oder andere ab. Es wird auch viel Gelegenheit dazu gegeben. So ist es auch mit Äußerungen, hier wird sich oft hinter der Masse versteckt, weil zu wenig Zivil-Courage eine Individualmeinung nicht zulässt. Auch in der Politik wird Verantwortung immer bei der Gegenpartei gesucht. Es wird hier mehr kritisiert, und was mich am meisten als System-Analytiker stört, man kommt zu keinem guten Ergebnis. Oft schlägt man sich dann mit faulen Kompromissen herum. Ich sagte es schon einmal, die Demokratie in der jetzigen Form wird sich ändern müssen. Wenn der Staat immer mehr die Assekuranz für den Bürger spielt, dann sinkt das Maß der Eigenverantwortung immer mehr. Ist dem so, dann verfällt früher oder später ein Staat. Man möge mir bitte nicht erzählen, dass es keinen Aufschwung und Untergang von Ländern oder Kulturen gab. Wenn Nehmen mehr wird als Leisten, dann stehen viele Schlange, wenn es etwas umsonst gibt. Na ja, jedermann lässt sich gerne etwas schenken.

In den vergangenen Jahren haben sich aus meiner Sicht Modeworte gebildet denen eine erweiterte emotionale Bedeutung durch die Massen gegeben wurde. Grenzenlos ist ein solcher Begriff. Dieser hört sich gut an, und wird, nachdem er einige Male vorgebetet wurde, auch als eigene positive Ansicht von vielen gerne angenommen. Eine totale Globalisierung, so wie sie subjektiv empfunden wird, ist mehr als töricht. Es lässt einfach die Unterschiede außer Acht, die zu respektieren sind. Unterschiede wird es immer geben. Extrem tolerante Einstellungen führen unweigerlich zu Konflikten. Damit wird der Einzelne oder eine Gruppe in der Meinungsäußerung verändert. Ansätze sind in unserem Staat schon zu erkennen. Das Flüchtlingsthema, welches von mir sehr kritisch in der organisatorischen Durchführung gesehen wird, führen zu Hass und Ablehnung. Gegner spüren, dass ihre Bedenken nicht gehört werden und „es immer so weitergeht". Nicht alle von AfD, Pegida und Co. sind dumm, primitiv oder radikal. Sie werden aber im Gesamtbild so hingestellt. Die Forderung nach „bunt" oder „Multikulti" entbehrt der Realität und somit ausreichender Menschenkenntnis und Lebenserfahrung. Das

Ausleben dieser beiden Begriffe schürt Konflikte und löst keine. Welche Menschen schreien nach einer Willkommenskultur ohne deren Auswirkung nur im Entferntesten zu erahnen? Wie kann eine Vorbeterin „wir schaffen das" äußern, ohne nur ansatzweise sich sicher zu sein wie viele kommen und wer kommt, zu beurteilen. Diese Thematik ist ein Selbstläufer ohne klare Kenntnis der Situation. Ich hätte jeden Mitarbeiter, der solche Entscheidungen trifft, sofort entlassen. Es scheint so als hätte man auf Norderney einen Damm gebaut mit verschiedenen Öffnungen zur See. Wohl wissentlich, dass eine Sturmflut naht, werden die Schleusen nicht geschlossen. Diese Sturmflut der Flüchtlinge wurde auch noch durch Verteilen von Literatur (z.B.: Deutschland, Erste Informationen für Flüchtlinge, Herder Verlag, Konrad Adenauer Stiftung, ISBN 978-3-451-34933-1) in deutscher und arabischer Sprache forciert. Diese Literatur finden sie in den arabischen Ländern. Warum macht Frau Merkel das?

Teile der Generation vor uns hat große Schuld auf sich genommen, aber eben nur ein Teil. Diese Schande ist kein deutsches Problem, sondern ein Problem der Menschen. Alleine im vorigen Jahrhundert sind viele Schanden in diesem Sinne verübt worden. Wir Deutschen neigen dazu uns in ein moralisches Abseits zu stellen. Ich sage ja nicht, dass wir das vergessen sollen, so wie die Türkei mit ihren Armenienmorden. Deutschland legt sich ohne Not auf den Rücken, andere tun es mittlerweile auch. Hierzu gehört auch die Forderung nach dem Integrationswillen des Gastlandes. Ich bin so erzogen worden, dass ich mich in einem freundlichen Hause als Gast benehme, ich passe mich an. Wenn ich mich längere Zeit im Ausland aufhalte, so passe ich mich den dortigen Gepflogenheiten an. Forderungen nach „Deutsche/Deutschland abschaffen" (von den Grünen) gehören zu einem kranken Rudelverhalten.

Ein synthetischer Begriff ist das Gutmenschentum. Der Mensch neigt dazu negative Impressionen auszublenden um sich selbst zu schützen. Dies geht einher mit dem Verlust der realistischen und wahren Beobachtung. Und hier meine ich nicht ein gutes soziales Verhalten mit Toleranz und Nächstenliebe, hier ist Selbstschutz und/oder Unvermögen gemeint. Ein Begriff den ich für vieles erklärend halte.

Im hessischen Rundfunk FFH wird die Sendung Dummfrager moderiert. Beispiel: „Entschuldigung, ich lass mich nur ungern stören. Was haltet ihr von einem Katerfrühstück?" Antwort: „Die, die das machen, sind Tierquäler." „Was würdet ihr machen, wenn ihr hier eine Schnapsdrossel findet?" Antwort: „Ins Tierheim bringen." „Warum, was kann die Schnapsdrossel da machen?" Antwort: „Die wird da beobachtet ob sie gesund ist." „Hast Du auch schon mal Shakespeare getrunken?" Antwort: „Ja. Das gibt's doch gar nicht. Das ist doch ein Sänger, oder?" „Es gibt ein Lied: Es gibt kein x auf Hawaii", Antwort: „Sex? Nein Sex ist es nicht. Tost?" „Wie würdest Du das singen?" ...

Wenn man bedenkt, dass dieses Frage- und Antwortspiel authentisch ist, so kann man nur die Trauerflagge hissen. Auch diese Menschen haben das Recht zu wählen. Es gab in der Deutschen Geschichte einmal ein anderes Wahlrecht als heute. Um 1850 wurde ein Dreiklassenwahlrecht praktiziert. Unterschieden wurde bei den Wahlmännern nach dem Steueraufkommen. Ich möchte dafür nicht propagieren, sondern auch andere Formen als möglich ansehen.

In der Politik wird in diesen Zeiten viel geredet und verredet aber wenig gehandelt. Ein Handeln zieht sehr oft unpopuläre Maßnahmen mit sich und dies führt zum Aufschrei. Es ist kürzlich eine deutsche Geisel auf den Philippinen entführt worden. Die Lebensgefährtin wurde sofort ermordet, der Mann später enthauptet. Regierungssprecher: „Die Bundeskanzlerin verurteilt die abscheuliche Tat, die ein weiteres Mal zeigt, wie gewissenlos und unmenschlich diese islamischen Terroristen vorgehen. Wir alle müssen zusammenstehen und den Kampf gegen sie führen". Verzeihung, mir wird es übel, wenn ich dieser Tatenlosigkeit zuhöre. Zusammenstehen bringt absolut nichts. Merkel regiert nicht, sie lässt sanftmütig gewähren und legt sich geschmeidig in die politischen Strömungen. Sie wartet ab um die Stimmung zu eruieren und gibt dann ein Statement ab. Als dann ein Türke von Rechtsradikalen ermordet wurde, ging ein halbes Jahr ein Geschrei durch die Republik.

Politiker in unserer Form der Demokratie entscheiden vom grünen Tisch aus und müssen Kompromisse finden. Oft ist es besser die so entstandene Entscheidung nicht anzuwenden, es wird aber gemacht. So stellt sich in diesem Zusammenhang auch die Frage nach der Entwicklungshilfe. Ich frage: Bringt die Entwicklungshilfe den Menschen in den Nehmerländern etwas? Wo und wie wird das Geld dort verwendet? Wird dies kontrolliert, gibt es nachhaltige Erfolge im Sinne der dortigen Menschen? Ich habe es schon einmal erwähnt, bekommt ein heranwachsendes Kind nur Geschenke und wird nicht damit konfrontiert später etwas dafür tun zu müssen, dann ist die Einstellung des späteren Erwachsenen klar. Warum soll ich mich bemühen, wenn ich es doch bekomme. Auf die sinnvolle Entwicklungshilfe bezogen bedeutet dies, dass konkret und nachvollziehbar den Menschen zur Selbsthilfe geholfen werden soll. Dies ist erheblich nachhaltiger. Vom grünen Tisch aus zu entscheiden, eine Mrd. Euro einfach einem Land zu überweisen ist sträflich. Das Gewissen der Politiker ist zwar beruhigt, sie haben aber das Geld von anderen verteilt. Eine Mrd. sinnvoll und nachhaltig in Bildung, Ackerbau, Wasserversorgung, usw. unter ständiger Anleitung von Entwicklungshelfern zu investieren bringt schon Erhebliches, mit Kontrolle versteht sich. Sind keine Erfolge zu erkennen, so ist die Methode falsch oder die Nehmer wollen und können nicht. In diesem Fall lohnt sich keine Hilfe. Man hilft nicht nur der Hilfe willen.

Die Weltentfremdung wird nicht nur durch Mangel an Realitätsnähe gefördert, sondern auch durch das Schaffen von Scheinwelten, überhöhter Romantik, Naivität, Ideologie und ganz besonders Fanatismus.

Wenn die Politik mit Schurken verhandelt gewöhnen sich Schurken und das Volk daran - alles in Maßen. Den Terroristen wird es leichtgemacht, wenn ein Staat immer wieder von Freiheit, grenzenlos, bunt, Bereicherung, Toleranz, Menschen sind gut, Hilfsbereitschaft, spendenfreudig, usw. spricht, es wirkt wie eine Einladung für Schurken und Terroristen. Wenn sie dann nun da sind wird von Erschütterung, Betroffenheit und Entsetzen gesprochen, es passiert aber nichts. Und dann muss ich mir noch den Vorwurf „Ihr seid doch alle Weicheier" anhören. Naivität und Ausblenden möglicher Staatszersetzungen wird nicht empfunden, obwohl diese Möglichkeit eine Wahrscheinlichkeit zeigt. Es sind Tiefgang und Weitblick erforderlich.

Was lässt Deutschland mit sich machen? Es legt sich ohne Not auf den Rücken und bittet zuzubeißen. Äußerungen in der Hamburger Moschee Muradiye lassen den Verfassungsschutz aufhorchen: „Demokratie ist für uns nicht bindend. Uns bindet Allahs Buch, der Koran. Ich spucke auf das Gesicht der Türken und Kurden, die nicht den Islam leben. Was für ein Wert haben sie schon, wenn sie keine Muslime sind? Erdogan, mein Führer, gib uns den Befehl und wir zerschlagen Deutschland". Veröffentlich in einem kleinen Artikel der FAZ vom 01.03.2017. Diese Art Beispiel gibt es zu Hauf, es will keiner hören, ist aber die Realität. Fahren sie in die Schweiz, sie werden die Schweizer Flagge sehen, fahren sie nach Österreich, sie werden die österreichische Flagge sehen, usw. Bis zur Weltmeisterschaft 2006 in Deutschland, haben sie in Deutschland keine Flagge gesehen. Armes, nicht selbstbewusstes Deutschland, hat Angst sich als deutsch erkennen zu geben.

Fazit

Da der größte Teil der Menschheit heimatverbunden ist, möchte der Mensch in seiner gewohnten Umgebung leben. Dieses Verhalten, auch Revierverhalten genannt, zeigen Mensch und Tier, es ist natürlich. Völkerwanderungen, die meist durch negative Naturereignisse hervorgerufen wurden, nehme ich einmal aus. In Indien leben Inder, in Russland leben Russen, in Mexiko leben Mexikaner, in Deutschland leben Deutsche, in England leben Engländer, usw., usw. Auch wenn aus realitätsfremden und naturabgewandten politischen Ecken der Begriff Heimat ideologisch anders gesehen wird, so existiert dennoch der Begriff Heimat (Vertrautheit, Geborgenheit und Sicherheit).

Wenn Menschen durch beispielsweise Kriegseinwirkung bedroht werden, sodass um Leben, Gesundheit und „Hab und Gut" gefürchtet werden muss, und diese Menschen den Krisenherd verlassen, dann sind es Flüchtlinge. Wird die Heimat dieser Menschen wieder befriedet, so tritt der Wunsch auf, wieder in die Heimat zurück zu reisen. Es sei denn, dass in der Destination ein vermeintliches Leben geboten wird, das besser ist als das in der Heimat.

Wer weiß welche Menschen in den vergangenen Jahren unkontrolliert nach Deutschland eingereist sind? Niemand! Mit etwas Menschenkenntnis, Lebenserfahrung und Beobachtungsgabe kann man vermuten, dass diese Menschen aus Flüchtlingen und Wirtschaftsimmigranten bestehen.

Meine abschließende Warnung: „Vorsicht vor dem Flachdenker, denn er sieht nicht die Wassertiefe in die er springt!" Unsere Politik und ein erheblicher Teil unserer Bevölkerung sind hirnentkernt und feige.

Die Vorstellung, dass eine moderne Gesellschaft in der Lage sein müsste, sich als multikulturelle Gesellschaft zu etablieren, mit möglichst vielen kulturellen Gruppen, halte ich für abwegig. Man kann aus Deutschland mit immerhin einer tausendjährigen Geschichte seit Otto I. nicht nachträglich einen Schmelztiegel machen.

Es geht nicht, dass Christen im Orient verfolgt und unterdrückt werden. Während gegen ein Mohamed-Schmäh-Video geschlossen protestiert wird, schweigt man, wenn Christen in islamischen Ländern bedroht werden.

Die Toleranz ist nicht grenzenlos. Sie findet ihre Grenze, vielleicht ihre eigene Grenze, in der etwaigen Intoleranz des anderen.

Die multikulturelle Gesellschaft ist eine Illusion der sogenannten Intellektuellen.

Britischer Autor Frederick Forsyth über deutsche Schuld: „Die meisten von uns Briten wundern sich über die endlose, den Deutschen auferlegte Verpflichtung, sich bis zum Ende ihrer Tage zu entschuldigen. Es ist seit Jahrzehnten vorbei. Es ist Zeit für Deutschland wieder aufzustehen.“

Vernon Walters, ehemaliger US-Botschafter: „Was ihr Deutschen braucht, ist mehr Selbstachtung und Patriotismus! Ihr habt das Recht dazu! Ihr seid ein großes Volk, das der Welt unermessliche Kulturschätze geschenkt hat, Schätze der Wissenschaft und Kunst.“

Wladimir Putin, russischer Präsident: „Wenn Minderheiten die Scharia wollen dann raten wir ihnen in Länder zu gehen wo dieses Recht herrscht. Russland braucht keine Minderheiten, Minderheiten brauchen Russland. Wir werden ihnen keine Privilegien einräumen, keine Gesetzte ändern, egal wie laut sie Diskriminierung schreien.“

Otto von Bismarck, Politiker: „Es wird niemals so viel gelogen wie vor der Wahl, während des Krieges und nach der Jagd.“

Cahit Kaya, Ex-Muslime, über Islam: „Es sind sehr bedenkliche Moscheen-Vereine aktiv, die massiv unter den Jugendlichen missionieren und äußerst rassistische und antisemitische Ideologien verbreiten. Mit Demokratie hat dies nichts mehr zu tun. In diesen

Clubs wir u.a. der Hass auf den Westen geschürt und eine von türkischen Islamisten angeführte islamische Herrenreligion propagiert. Integration wird völlig abgelehnt und aktiv bekämpft.

CDU-Wahlplakat von 1991: „Asylmissbrauch beenden! 40.000 Asyl-Akten endlich bearbeiten. Schein-Asylanten konsequent abschieben. Grundgesetz ändern." Dafür wird die AfD heute als rechts diffamiert!

Brigitte Gabriel: „Wenn gute Menschen das Böse nicht sehen, setzt es sich fest. Als Folge zerfallen Gesellschaften und mit zunehmender Apathie wird der Tyrannei Tür und Tor geöffnet. Ich weiß, wovon ich spreche, ich habe es am eigenen Leib erfahren müssen!"

Kurt Tucholsky: „In Deutschland gilt derjenige, der auf den Schmutz hinweist, für viel gefährlicher als derjenige, der den Schmutz macht."

Thilo Sarrazin: „Alles was ich in Deutschland schafft sich ab geschrieben habe, hat sich nicht nur voll bestätigt, es ist weitaus schlimmer geworden."

Rainer Maschke: „Wir leben in einer diktatorischen Demokratie. In einigen Jahren werden wir in einer anderen Form der Demokratie leben, vorausgesetzt, der Islam krempelt nicht alles um, so wie man befürchten kann."

„Wir haben eine Kanzlerin die vergeblich versucht Probleme zu lösen, die Deutschland ohne sie niemals haben würde!"

Ernst Moritz Arndt (1769 – 1860) über die Selbstzerstörung einer Nation: „Wenn sich die Welt selbst zerstört, dann fängt es so an: Die Menschen werden zuerst treulos gegen die Heimat, treulos gegen die Vorfahren, treulos gegen das Vaterland. Sie werden dann treulos gegen die guten Sitten, gegen den Nächsten, gegen Frauen und gegen Kinder."

Jeder vierte Einwohner

19,3 Millionen in Deutschland mit fremden Wurzeln

FFs. FRANKFURT, 1. August. Fast jeder vierte Einwohner Deutschlands hat einen Migrationshintergrund, das heißt entweder er selbst oder mindestens ein Elternteil wurde nicht mit deutscher Staatsangehörigkeit geboren. Wie das Statistische Bundesamt am Mittwoch in Wiesbaden mitteilte, traf das 2017 auf rund 19,3 Millionen der 82 Millionen Menschen in Deutschland zu. Das waren 4,4 Prozent mehr als 2016. Die Bevölkerungszahl liegt bei 82 Millionen. Etwas mehr als die Hälfte (51 Prozent) der Bevölkerung mit Migrationshintergrund hatte einen deutschen Pass, 49 Prozent waren Ausländer. Rund 2,8 der 19,3 Millionen Menschen mit Migrationshintergrund hatten türkische, 2,1 Millionen polnische, 1,4 Millionen russische, 1,2 Millionen kasachische und 0,9 Millionen rumänische Wurzeln.

Erstmals hat das Statistische Bundesamt 2017 auch über den Mikrozensus die vorwiegend im Haushalt gesprochene Sprache abgefragt. Von den 24 Millionen Mehrpersonenhaushalten in Deutschland wurde in 2,5 Millionen vorwiegend eine ausländische Sprache gesprochen – am häufigsten Türkisch (17 Prozent), Russisch (15), Polnisch (acht) und Arabisch (sieben). Ob auf Deutsch oder einer anderen Sprache kommuniziert wird, hängt auch von der Anzahl der Personen mit Migrationshintergrund im Haushalt ab: Hat die Mehrheit ausländische Wurzeln, wird überwiegend die entsprechende Sprache benutzt (55 Prozent), hat nur eine Person einen Migrationshintergrund, sinkt der Anteil auf sieben Prozent. 13,3 Millionen der 19,3 Millionen Menschen mit Migrationshintergrund und damit jeder Sechste waren selbst zugewandert. Ihr wichtigstes Motiv: familiäre Gründe.

Herkunftsland	mit Migrationshintergrund*
Insgesamt	19258
Afghanistan	237
Ägypten, Algerien, Libyen, Tunesien	174
Bosnien-Herzegowina	373
Bulgarien	273
China	180
Frankreich	185
Griechenland	438
Indien	245
Irak	249
Iran	191
Italien	859
Kasachstan	1237
Kroatien	398
Niederlande	194
Marokko	219
Österreich	383
Pakistan	97
Polen	2100
Portugal	165
Rumänien	859
Russische Föderation	1381
Serbien	324
Spanien	217
Syrien	704
Tschechische Republik	186
Türkei	2774
Ukraine	119
Ungarn	240
Vereinigte Staaten	165
Vereinigtes Königreich	142
Vietnam	168

*in 1000 Quelle: Statistisches Bundesamt 2018

www.ingramcontent.com/pod-product-compliance
Lightning Source LLC
Chambersburg PA
CBHW061923270726

48659CB00002BA/515